살아남는
스토리는
무엇이
다른가

살아남는 스토리는 무엇이 다른가

인간의 본능을 사로잡는
세계관―캐릭터―플롯의 원칙

전혜정 지음

웅진 지식하우스

들어가며

**이야기를 가르치며,
다시 이야기를 배웠습니다**

"왜 제 이야기는 재미가 없을까요?"

스토리 창작 수업에서 가장 자주 듣는 질문입니다. 생각해 보니 제가 글쓰기를 처음 시작했을 때만 해도 제 고민거리는 늘 '무엇을 쓸까?'에 머물러 있었습니다. 그런데 학생들에게 이야기 쓰는 법을 가르치면서부터는 주로 '그 이야기가 왜 재미가 없을까?'를 더 많이 고민하고 설명하게 되더군요.

초보 창작자들은 대부분 '엇비슷한 이야기'를 쓰는 일부터 시작합니다. 익숙한 캐릭터, 어디서 본 듯한 전개, 예상 가능한 세계관으로 이뤄진 이야기 말이죠. 이런 시도가 잘못됐다는 말을 하려는 것이 아닙니다. 오히려 가르치는 입장에서는 이야기 창작의 첫걸음으로써 '장르 문법과 작법의 공식'을 익히도록 권합니다. 정해진 구조를 따라가 보면서 이야기란 어떻게 움직이는지를 경험하고, 이야기 안에서 작동하는 리듬을 체득하고 나면 비로소 자기 이야기를 만들어갈 수 있기 때문입니다.

그런데 여기서 문제가 발생합니다. 스토리의 성공 공식에만 머물러 있으면 '비슷한데 재미없는 글'을 반복해서 쓰게 됩니다. 대체 왜 그럴까요? 바로 이 질문에서 『살아남는 스토리는 무엇이 다른가』가 시작됐습니다.

이 책의 구상 단계에서부터 '재밌는 이야기를 쓰는 법'을 소개하려고 했던 건 아닙니다. 오히려 '어떤 이야기가 재미없는가?'를 설명해보려고 시작한 일이었죠. '재미없음'의 구조를 찬찬히 들여다보고 있으려니 어느 순간 '재미란 무엇인가?'라는 질문이 생기더군요. 이 질문을 마음속에 품고 학생들과 수업을 통해, 또 현장에서 함께 창작하고 고민하며 축적된 질문들을 통해 '재밌다'는 말의 진짜 뜻을 배워나갔습니다. 더 나아가 '이야기란 무엇인가?', '왜 인간은 이야기를 만들어왔는가?'라는 근원적인 질문에 이르렀습니다. 이 책은 '인간이 이야기에 빠지는 이유는 무엇인가?', '왜 인간에게는 당위성과 개연성이 필요한가?', '인간은 이야기를 통해 어떻게 결핍을 극복하는가?'와 같은 질문들을 천천히, 그러나 집요하게 따라간 결과물입니다.

수많은 이야기가 어떻게 구조를 갖추고, 어떤 메시지를 전하며, 왜 독자의 마음을 움직이는지 하나하나 되짚어가는 과정은 곧 인간을 이해하는 여정이었습니다. 그리고 '이야기를 쓰는 일'은 곧 '인간이라는 존재를 이해하려는 시도'라는 사실을 깨달을 수 있었습니다.

이 책은 단순한 창작 매뉴얼이 아닙니다. 제가 가르치며 배운, 그리고 쓰면서 다시 이해한 '이야기에 관한 이야기'입니다. 이 책에서 소개하는 이론 역시 기존의 작법 이론이 아닌 현장의 경험에서 비롯됐습니다. 앞의 질문들에 대한 오랜 대화의 결과물이며, 강의실과 현장에서, 또 편집자의 책상 앞에서 축적된 수많은 문답으로 이루어졌습니다.

모든 서사는 구조를 가진 이야기로, 모든 좋은 이야기는 반드시 인간의 결핍에서 출발합니다. 이 결핍이 작중 세계와 충돌하면 인물은 행동하고, 사건은 움직이며, 독자는 그 이야기 속으로 빠져듭니다. 이 책에서 저는 그 흐름을 구조와 심리, 당위성과 개연성이라는 키워드로 따라가 봤습니다. 그리고 이를 설명할 때 이야기의 장르나 매체의 차이를 특별히 구분하려 하지 않았습니다. 영화, 순수문학, 웹소설, 만화, 게임에 이르기까지 세상의 모든 이야기는 언제나 결핍으로부터 시작되고, 이것을 극복하려는 인물의 여정 속에서 플롯이 만들어지며, 세계관을 통해 의미가 부여되기 때문입니다. 이렇게 세계관-인물-플롯이라는 삼각형의 균형 속에서 '이야기'는 살아 움직일 수 있습니다.

지금 당장 재밌는 이야기를 쓰고 싶다고요? 그렇다면 이 책이 여러분께 익숙했던 이야기 구조를 새로운 눈으로 바라보고, 낯익은 공식에서도 자신만의 이야기를 발견하는 계기가 되기를 바랍니다. 누구나 이야기를 시작할 수 있지만, 끝까지 써내는 사람은 드물죠. 그 긴 여정의 초입에 선 여러분께 저는 이 책을 조심스럽게 건네고 싶습니다. 반드시 여러분만의 재밌는 이야기를 만들 수 있을 것이라는 믿음과 함께 말이죠.

차례

들어가며_4

1부 인간은 왜 그런 이야기를 쓰는가

1강 당신의 이야기가 재미없는 이유_15
콘텐츠 업계를 떠도는 편견과 속설 | 어떤 이야기를 써야 팔릴까요? | 좋아하는 이야기와 쓰면 안 되는 이야기 | 왜 그 이야기를 쓰고 싶은가?

2강 인간은 개연성과 당위성을 갈망한다_33
인과법칙 없이 인간은 생각할 수 없다 | 신화, 전설, 종교 그리고 음모론 | 인간이 부조리를 견디며 살아가는 법 | 당위성을 섬기는 인간의 이야기 본능

3강 세계관, 호모픽투스가 현실을 받아들이는 창_53
창문에 균열을 내는 이야기도 필요하다 | 현실에는 기획된 세계관이 없다 | 호모픽투스가 불편한 현실을 마주하는 법 | 장르문학의 세계관에서 사건은 도미노처럼 연결된다

4강 살아남는 이야기의 세계관-인물-플롯 구조_77
세계관-플롯-인물의 삼각구조 | 해적 선장의 보물찾기 게임과 이야기의 세계 | 결핍, 삼각구조를 관통하는 이야기의 본질

2부 모든 이야기는 결핍에서 시작된다

5강 이야기는 세계관을 결핍한 인물의 문제 풀이 과정이다_89

6강 주인공: 인물의 빈칸이 공감을 부른다_93
세계관의 질서를 결핍한 인물 | 아는 결핍+모르는 선택=인물에 대한 호기심 | 독자의 공감을 유도하는 메커니즘 | 주인공이 자꾸 어려운 선택을 하는 이유

7강 캐릭터: 결핍 버튼을 누르면 이야기가 시작된다_109
상처를 감싸려는 노력의 결과물

8강 플롯: 변화가 극적일수록 매혹적이다_114
차마 짐작하지 못한 선택 | 플롯은 인물의 행동 궤적 | 소행성 충돌과 주인공의 탄생 | 감동을 증폭하는 인물의 성장기

9강 명대사: 살아있는 대사에 빠지지 않는 것_124
리얼한 대사와 클리셰 사이 | 결핍을 가진 인물이 명대사를 친다 | 악당에게도 공감하게 만드는 대사의 힘 | 지위를 빼앗는 대사들 | 결핍을 가진 인물은 거짓말을 한다 | 은유를 아는 인물에게는 깊이가 있다 | 진지함을 회피하는 말꼬리 잡기의 묘미

10강 메시지: 작가는 세계관의 질서로 말한다_148
세계관의 질서를 결정하는 작가의 메시지 | 세계관의 질서를 담은 아포리즘 | 무엇이든 메시지가 될 수 있다 | 장르물 독자들이 원하는 것

11강 시련: 주인공을 위한 맞춤형 관문을 창조하라 _160

세계관과 플롯의 주인을 찾아서 | 로맨스물에 등장하는 단골 관문들 | 시련은 주인공을 위한 맞춤형 관문이다 | 웹소설의 시련이 새로운 이유

12강 세계관: 첫 화에서 약속하고 끝까지 지켜라 _172

세계관의 질서는 초반에 약속을 | 어딘가에 존재할 법한 세계

더 읽어보기 주인공의 결핍을 설정하는 법 _183

3부 본능을 자극하는 플롯 설계의 원칙

13강 독자의 멱살을 잡고 엔딩까지 한 방에 가는 법 _197

아리스토텔레스의 『시학』과 3막 구조 | '정신 차리니 엔딩'이 되는 이야기의 구조 | 주인공만을 위해 길을 깔아라

14강 세계관-인물-플롯을 설계하는 6단계 구조 _209

1단계: 어떤 세계 속 주인공은 결핍을 자각하는 순간 결심을 하고 돌아올 수 없는 강을 건넌다 | 2단계: 주인공이 선택한 행동은 사건의 연쇄를 부른다 | 3단계: 문제의 함정에 빠져 오답을 선택한 주인공의 마음이 무너진다 | 4단계: 오답도 필요한 과정이었다는 사실을 깨닫고 다시 문제 풀이에 전념한다 | 5단계: 올바른 방법으로 문제를 풀어나간다 | 6단계: 드디어 엔딩에 도착한 주인공은 세계관의 질서를 회복하고 결핍도 해소된다

15강 사랑받고 살아남은 플롯의 6가지 원형 _234

16강 원형 1: 결핍을 향한 여정_237

모험 끝에 회복된 질서 | 추구와 모험 플롯, 결핍을 좇아 떠나는 여행

17강 원형 2: 도플갱어와의 대결_245

도플갱어, '진짜 나'와 '가짜 나'의 대결 | 주인공과 숙적의 운명적 충돌 | 추적 플롯, 쫓고 쫓기는 이야기 | 복수 플롯, 심연을 바라보며 괴물을 쫓기 | 라이벌 플롯, 세계관의 당위성 쟁탈전

18강 원형 3: 극적인 성장_266

가장 미숙한 자가 가장 많이 성장한다 | 성숙 플롯, 세계관이 부서지면서 어른이 된다 | 변모 플롯, 가장 극단적인 형태의 성장

19강 원형 4: 사랑의 덫_274

내 인생을 망치러 온 나의 구원자 | 사랑 플롯, 인생 최대의 시련이 한 사람일 때 | 희생 플롯, 결핍을 메우고 승리자가 되는 순간

20강 원형 5: 운명적 선택_287

내 선택이 내 운명을 결정한다 | 유혹과 몰락 플롯, 잘못된 선택이 파멸을 초래한다 | 고립된 성공, 승리가 승리가 아닐 때

21강 원형 6: 질서의 회복 혹은 파괴_301

미스터리 플롯, 이성적 질서의 회복 | 호러 플롯, 이성적 질서의 패배

나가며_313
추천의 말_317

1부

인간은 왜 그런 이야기를 쓰는가

1강 당신의 이야기가 재미없는 이유

여러분은 이야기가 무엇이라고 생각하시나요? 이야기는 인류의 역사만큼 오랜 시간 단순한 오락을 넘어, 우리의 존재와 세계를 이해하는 근본적인 도구였습니다. 우리는 왜 끊임없이 이야기를 만들고, 듣고, 공유할까요? 그리고 어떤 이야기가 우리의 마음을 움직이고 기억에 오래 남을까요? 재밌는 이야기일까요, 아니면 깊은 메시지가 담긴 이야기일까요? 완벽한 구조를 갖춘 이야기일까요, 아니면 독창적인 세계관이 펼쳐진 이야기일까요? 혹은 캐릭터가 생생하게 살아 움직이는 이야기일까요?

저는 이야기를 만들고, 가르치고, 비평하는 현장에서 이런 질문들과 끊임없이 마주해 왔습니다. 그러나 한편으로는 이런 질문을 멈추고 표면적인 요소들에 집착하면서 편견이 생긴 경우도 종종 목격했습니다.

콘텐츠업계를 떠도는
편견과 속설

저는 '이야기를 만드는 일'을 하다가 현재는 '이야기를 만드는 학생들을 가르치는 일'을 하고 있습니다. 현장에서 일하면서 간혹 창작자들이 순수문학과 장르문학을 예술성/상업성의 이분법으로 도식화하며, 두 가지가 절대로 공존할 수 없다고 할 때마다 답답함을 느끼곤 했습니다. 성격, 능력, 외모 등의 요소를 취향에 따라 조립해서 캐릭터를 만들면 된다는 창작자들을 만났을 때도 그랬고요. 어떤 주인공이 인기가 없는 이유를 두고 요즘 시류에 맞지 않아서라고 섣부르게 판단해 버리는 경우도 있었습니다. 나아가 이야기의 플롯이 왜 그렇게 흘러가야 하는지에 관한 근본적인 고찰 없이 플롯 작법을 기계적으로만 대입한다거나, '세계관 설정'이라는 작업을 그저 겉으로 보이는 무대 디자인이나

'종족' 및 '세력'을 만드는 것으로만 여기는 창작자를 마주할 때도 있었고요.

그중에서도 가장 골치가 아픈 건 '세계관에 대한 편견'입니다. 한번 물들면 치료가 쉽지 않기 때문이죠. 저는 해마다 새로운 작가 지망생들을 만납니다. 이들 가운데 독특한 작법적 고집을 가진 사람들이 있어요. 예를 들면, '한국 독자들은 세계관이 웅장한 작품을 읽지 않는다.'라고 비판하며, 그래도 자신은 『반지의 제왕』 같은 작품을 만들겠다고 목소리를 높이는 작가 지망생들이 있습니다. 세계관의 '크기'로 작품을 평가하는 인터넷 커뮤니티의 잘못된 비평을 오랫동안 접하다가 그대로 물들어버린 경우이죠.

콘텐츠업계에는 선입견에 사로잡힌 채 속설을 좇는 이들도 많습니다. 소설, 순수문학과 장르문학, 웹소설, 작가, 스토리텔링 등에 관한 편견과 선입견, 그리고 이미 정설로까지 굳어진 속설들이 얼마나 많은지요. '웹소설은 수준이 떨어진다.'라든가, '이 작품은 장르문학인데도 인간에 관한 이야기를 하고 있다.' 같은 것들이죠. 이런 비평을 보면 어디서부터 말해야 할지 난감한 기분이 듭니다. 인간에 관해 이야기하지 않는 작품은 없습니다. 그저 정해진 형식을 따라 양산되기만 한다고 매도되는 웹소설 작품들조차도 말이죠.

전문성이 결여된 불공평한 리뷰를 무비판적으로 수용하는 모습을 볼 때도 많습니다. 이야기의 맥락에서 떼어놓은 대사 한 토막, 장면이나 소재 하나로 작가의 사상 검증을 하는 일들이 심심찮게 벌어지고 있죠. 꾸밈이 많은 화려한 문장들로 채워진 글을 '필력'으로 여기는 경우도 있습니다. 그러나 좋은 글이란 작가의 날카로운 통찰, 주제·소재·구성·문장 면에서의 매력을 종합적으로 고려하여 판단해야 하는 것 아닐까요.

이제는 콘텐츠업계를 떠도는 수많은 편견과 속설을 뒤로하고자 합니다. 수박 겉핥기식의 비평이나 고정된 작법에 매몰되지 않고, '좋은 이야기란 무엇인가?'란 질문을 보다 근본적으로 탐구하기 위해 이 책을 썼습니다.

어떤 이야기를 써야 팔릴까요?

이 책을 손에 든 여러분은 아마도 작가의 꿈을 품고 계실 겁니다. 혹은 글을 쓰다가 흥미를 잃고 펜을 내려놓은 상태일 수도 있겠지요. '내 이야기는 왜 재미가 없을까?' 여러분이 어떤 상황이든 간에 한 번쯤 생각해 본 질문일 겁니다. 최신 트렌드를 따르지 않아서일까요? 물론 그럴 가능성도 있습니다. 사람들이 끌리는 이야기에도 분명 시대의 흐름이 존재하니까요.

- 한국에서는 어떤 장르가 인기인가요?
- 어떤 이야기를 써야 먹고살 수 있나요?
- 요즘 콘텐츠 시장 트렌드는 뭔가요?

작가 지망생이나 투자자 들이 제게 자주 던지는 질문들입니다. 단골 질문들임에도 불구하고 매번 대답이 쉽지 않은데요. 시장성 측면에서 이렇게 말할 수 있긴 합니다.

- 순수문학으로는 돈을 못 번다. 그래도 하고 싶으면 각오해라.
- 그나마 팔리는 건 장르물이다. 장르문학 중에서는 최근 SF 장르가 협회도 잘 갖춰졌고, 장르 인지도도 높고, 시장도 커졌다. 추리, 미스터리, 호러 장르도 돌파구가 있으니 잘 살펴봐라.
- 로맨스판타지는 불황이고, 현대판타지는 여전히 잘 팔리고 있다.

- 글로벌 OTT가 대중화되면서 미스터리 스릴러 장르물이 주목받고 있다.
- 전문가 소재는 드라마로 개발하기 좋다.
- 무협 본토인 중국을 제치고 한국에 무협의 르네상스가 찾아왔다.

그러나 콘텐츠 트렌드는 끊임없이 변하기 때문에 이러한 진단이 언제까지나 맞는다고는 할 수 없습니다. 그래서 많은 창작자가 계속해서 시장 동향을 추적하고 시시각각 달라지는 트렌드를 분석하고 있죠.

콘텐츠의 시장성을 중심에 놓으면 '생계를 위해서는 웹소설이 가장 가성비가 좋다.'는 주장이 따라 나오곤 합니다. 그럼 '생계형 웹소설은 어떻게 쓰면 좋을까?'란 토론이 뒤따르고 다음과 같은 의견들이 제기됩니다.

- 웹소설을 쓸 때는 작품성에 크게 미련을 두지 마라.
- 대중은 시원시원한 사이다•를 좋아한다. 대리만족을 경험

● 시련을 겪던 주인공이 마침내 승리나 성공, 복수를 해냈을 때의 쾌감을 표현하는 말입니다. 이야기가 극적으로 짜릿하게 연출되어 마치 체증이 사이다에 싹 씻겨 내려가는 듯 통쾌한 만족감을 준다는 뜻입니다.

하게 하라. 속도감 있는 글을 써라. 드라마틱하게 써라. 자극적인 양념을 곁들여라. 고구마 구간을 줄여라**.

- 대중은 인내심이 적다. 주인공을 번뇌에 빠져 오랫동안 망설이게 하지 마라. 어쭙잖은 동정심을 발휘하지 말고, 악당에게는 반드시 통쾌하게 복수하라. 매 연재 마지막에 낚시를 걸어서 독자가 다음 편을 결제하게 하라. 미적지근한 통찰은 집어치우고 주인공에게 짜릿한 승리를 안겨줘라.

- 하루에 5,000자 이상을 쳐내야 하므로 유려한 문장을 쓰겠다고 여러 번 퇴고하는 것은 사치다. 요즘엔 웹소설 시장도 레드 오션이다. 연재를 시작하고 작가로 데뷔해도 생계유지가 힘들 수 있으니 부업으로 생각하라. 여러 작품을 동시에 연재하는 방법도 있는데, 하루에 15,000자에서 20,000자 이상을 쳐낼 각오를 해야 한다.

- 어차피 대중은 맞춤법과 띄어쓰기 정도만 맞으면 큰 불만이 없다. 웹소설에서 요구하는 문장력과 순수문학에서 말하는 문장력은 다르다. 단순하고 쉽게, 잘 읽히고 친절하게 써라. 작가의 가치관을 욱여넣지 말고, 인문학적 가치를 어

** 주인공이 시련을 겪는 과정을 '목에 고구마가 걸린 것처럼 답답한 상태'에 비유한 표현입니다. 시련 과정이 너무 길거나 가혹하면 연재 중간에 독자들이 떨어져 나가므로 '고구마 구간' 설계에는 세심한 주의가 필요합니다.

쭙잖게 추구하지도 말고, 웹소설의 공식을 충실히 따라가야 한 명이라도 더 읽는다.˙

웹소설 시장과 커뮤니티 게시판 등에서 자주 나오는 의견들을 정리해 봤습니다. 이에 대해 여러분은 어떻게 생각하시나요? "요즘 인기 있는 콘텐츠 트렌드가 뭔가요?" "어떤 웹소설을 쓰면 잘 팔릴까요?" 이런 질문들을 받았을 때 위와 같이 답변할 수도 있겠죠. 그렇지만 '이야기'를 좀 더 진지하게 장기적으로 마주할 생각이라면 관점을 전환할 필요가 있습니다. 다음 질문들처럼요.

"트렌드가 완전히 바뀌어 있을 몇십 년 뒤에도 여전히 사람들의 마음을 끄는 이야기를 만들 수 있을까요?"

"고대의 신화, 근대의 순문학, 현대의 영화와 웹소설, 미래의 첨단기술 콘텐츠를 꿰뚫는 본질적 가치를 짚어내고 제대로

● 최근의 웹소설 동향을 살펴보면, 이런 의견들과는 다른 새로운 경향이 보입니다. 최근의 웹소설 인기작들은 소재·주제·전개·인간에 대한 통찰력의 면에서 절대 가볍다고 평가 절하할 수 없죠. 20년 전, 한국 웹툰 산업의 초기에 '저렇게 수준 낮은 것들은 만화가 아니다.'라며 쏟아졌던 비판들이 이제는 무의미해진 것과 마찬가지입니다.

감상하는 안목을 어떻게 갖출까요?"

트렌드를 아는 것은 중요하지만, 트렌드만 분석한다고 해서 곧바로 재밌는 이야기를 만들 수 있는 것은 아닙니다. 트렌드에 대한 분석과 더불어 좀 더 근본적인 고찰이 필요한 이유이죠. 인간은 왜 이토록 오랫동안 이야기를 좋아했을까요? 만약 작가를 꿈꾸고 있다면, 당장 돈이 되는 글들을 따라가기 전에 먼저 본인이 좋아하는 이야기가 무엇인지 떠올려보세요. 그 작품들을 좋아하는 이유를 마음속으로 정리한 뒤, 독자가 오직 자신뿐인 글을 한 편 써보기를 권합니다. 여기서부터 시작해도 늦지 않습니다.

이제부터는, 시시각각 바뀌는 트렌드를 잠시 내려놓고 긴 시간 인류가 사랑해 온 이야기들을 둘러보려고 합니다. 일단 우리가 읽고 쓰고 싶은 이야기, 우리가 매료됐던 이야기가 무엇이었는지를 깊게 들여다보면 그 안에 해답이 있을지도 모르기 때문입니다.

좋아하는 이야기와
쓰면 안 되는 이야기

'업계'란 매출에 민감한 동네죠. 그러나 흔한 편견과 달리 소설, 순수문학과 장르문학, 웹소설, 웹툰 등 스토리텔링 업계는 좀 더 창의적이고 비공식적인 작품에도 열려 있습니다. 그래서 업계 전문가들에게 반드시 흥행 공식을 따라야 하느냐고 물어보면, 의외로 '자신이 좋아하는 글을 써보라.'며 기존 공식에 얽매이지 않아도 된다고 조언하는 경우가 꽤 있습니다.

쓰고 싶은 글을 쓰라는 조언은 너무 많은 의미를 함축하고 있기에 오해를 사기도 쉽습니다. 일단 웹소설을 봅시다. 지금 잘나가는 웹소설 공식도, 잘 팔리는 웹소설 장르도 과거에 최초로 시도한 이가 있었습니다. 누군가의 첫 시도에서 새로운 영토가 열리는 것이죠. 그러므로 안전하게 공식을 따르는 훈련도 중요하지만, 새로운 시도에 대한 격려 역시 분명히 필요합니다. 물론, 새로운 영토를 창조하는 정도가 되려면 상당한 경지의 실력이 있어야겠죠. 사람들이 보편적으로 어떤 이야기를 좋아하는지, 재밌는 이야기란 무엇인지 등 이야기에 관한 근본적인 통찰력을 갖고 있어야 합니다.

이와는 반대로, 업계의 공식을 따르지 않아서 안 팔릴 것 같다는 조언을 듣는 경우가 있습니다. 문학적 가치보다는 돈을 따르라는 조언으로 오해되기 십상이지만, 실은 그 작품이 재미도 문학성도 모호할 때에 나오는 말입니다. 저도 학생 때 팔리지 않을 글을 쓰며 비대해진 자의식에 잡아먹힌 경험이 있습니다. 흑역사죠. 제 경우를 생각해 봐도, '대중은 수준 낮은 웹소설만 좋아한다.'며 남들을 깔보는 병에 걸리면 치료가 어렵긴 합니다. 이럴 때 남들의 성공 공식이라도 착실히 따라 글을 써보면서, 어떤 부분에서 사람들이 흥미를 느끼는지를 분석하다 보면 곧 병도 낫고 겸허해집니다. 그렇게 병이 낫고, 공식을 습득하고, 장르를 배우고, 트렌드를 알고, 나아가 인간이 끌리는 이야기에 관한 통찰력이 생긴다면, 그때는 공식을 넘어서는 시도를 해볼 수 있습니다.

사람들이 좋아하는 이야기에 관한 통찰력이 부족하면 어떤 글을 써야 할지 표류할 뿐 아니라, 온라인에서 떠도는 비평에 일희일비하게 됩니다. 진정으로 쓰고 싶은 이야기를 제대로 마주하지 못한 채 무서워하고 겁에 질려 덮어버리게 마련이죠. 팔리는 글을 쓰겠다는 욕심으로 처음부터 사람들의 인정만을 추구하다 보면 SNS, 인터넷 커뮤니티, 댓글 등에 등장하는 비평들에 사로잡히기 쉽습니다. 그러다가 건드리지 말아야 할 '터부'들이 머릿속에 똬리를 틀고 들어앉아 사상 검증, 자기 검열의 굴레에 빠지게 되죠. 다음과 같은 식으로 말입니다.

- 나약한 아군이 주인공의 발목을 잡고 민폐를 끼치는 전개는 사람들이 싫어해서 안 될 것 같아요.
- 제 주인공은 바람둥이라서 사람들이 미워할 것 같은데요*.
- 전통적인 성 역할에 갇혀있는 캐릭터는 요즘 사회 분위기상 선호하지 않잖아요. 무능하거나 약한 여자 캐릭터는 미움받을 것 같아요.
- 작가에게 다른 의도가 있다 해도 사회적 약자가 부정적으로 묘사되는 설정은 오해의 여지가 있을 것 같아 신경 쓰여요.
- 악당의 탄생 과정에 너무 개연성이 있으면 가해자에게 서사를 주는 것 같아요. 악당의 대사가 그럴싸하면 악행을 변명하는 것 같아서, 바람을 피우는 캐릭터가 잘생기거나 호감 있게 묘사되면 불륜을 미화하는 것 같아서 논란이 생길까 봐 못 쓰겠어요.

- 죄의 경중에 대한 한국 독자들의 감각은 다소 특이합니다. 주인공의 살인은 적당히 부추기며 즐기기까지 하지만, 주인공의 양다리는 절대 용서하지 않아요. 잔인한 폭력 묘사에는 관대하지만, 성적 묘사는 '19금'이 아닌 이상 매우 엄격한 것도 특징입니다.

혹시 쓰고 싶은 소재 혹은 주인공이 너무 부도덕해서 사람들이 싫어할 것 같나요? 성적으로 타락한 설정 때문에 사람들에게 손가락질을 받고 실패할 것 같나요? 그렇다면 지금부터 제가 들려주는 이야기에 대해 한번 생각해 보세요.

1936년에 출판된 마거릿 미첼의 소설 『바람과 함께 사라지다』의 주인공 스칼렛은 인종차별주의자에, 노예제 지지자입니다. 다른 여자들의 남자들을 빼앗아서 이용하고 버리며, 시누이이자 친구인 멜라니의 남편을 사랑하죠. 1957년에 출판된 보리스 파스테르나크의 소설 『닥터 지바고』의 주인공 지바고는 아내가 아닌 다른 여자를 일평생 사랑합니다. 그 사랑을 가슴이 먹먹하게 그려내 노벨문학상을 받기까지 했죠.

1865년에 출판된 니콜라이 레스코프의 동명의 소설을 각색하여 2017년에 개봉한 영화 〈레이디 맥베스〉에서는 어린 귀부인이 하인과 사랑에 빠진 뒤 시아버지와 남편을 차례로 독살합니다. 그러나 귀부인은 하인에게 배신당하는데, 결국 그를 여종과 엮어서 누명을 씌워 죽이고 집을 독차지하며 승리의 엔딩을 맞이하지요.

동성애를 다룬 작품들은 어떨까요? 사회적으로 금기시되는 사랑이기에, 사람들에게 인정받겠다는 강박으로 아름답고 애잔하고 정숙하게 묘사됐을까요? 토드 헤인즈 감독의 영화 〈벨벳 골드마인〉(1998)은 퇴폐적인 사회 분위기를 배경으로 남성 간 동성애를 향락적으로 그려냅니다. 폴 버호벤 감독의 영화 〈베네데타〉(2021)는 사랑이 금지된 존재인 수녀 간의 동성애를 다룹니다. 요르고스 란티모스 감독의 〈더 페이버릿〉(2018)은 살아남기 위해 여왕을 성적으로 유혹하고, 연적이었던 말버러 공작부인을 유배 보내는 계략녀가 주인공이죠.

서브컬처 쪽은 더 거침이 없습니다. 남성향이든 여성향이든 19금쯤 되면 하렘 묘사나 강간, 폭행, 스토킹 등 범죄 묘사도 심심찮게 나옵니다. 문란해진 현대의 병폐라고요? 선사시대나 기원전의 수메르 문명, 인더스 문명, 이집트 문명에서 발견되는 그림과 조각은 요즘 기준으로 봐도 난잡하기 그지없습니다. 일대일 관계나 남녀관계 공식에서 벗어난 것도 많으니까요. 기원전 국가인 에트루리아의 기록에 남은 사도마조히즘Sadomasochism, 폼페이 벽화, 고대 그리스의 동성애, 중세 유럽에서 남성의 성기를 강조했던 코드피스Codpiece 복장, 고려가요의 남녀상열지사, 중국 명나라 때 음탕한 풍조를 묘사한 소설 『금병매』, 일본의 에도 시대에 유행했던 남색男色 문화와 춘화, 도나시앵 알퐁스 프랑수아 드 사드와 레오폴트 폰 자허마조흐로 대표되는 근대의 에로틱 소설, 그리고 현대의 작품들까지, 이쯤 되면 성 콘텐츠는 인류의 역사라고 할 수 있습니다.

범죄에 대한 묘사가 걱정이라고요? 세계적인 대문호 표도르 도스토옙스키가 쓴 『죄와 벌』의 주인공은 특별한 원한도 없으면서 그저 자신의 가치관을 증명하기 위해 한 사람을 죽입니다. 영화 〈더티 해리〉(1971)에서 클린트 이스트우드가 연기하는 주인공 해리는 형사면서도 법 따위는 지키지 않고 악당을 악독하게 해치워 버립니다. 드니 빌뇌브 감독의 영화 〈시카리오〉(2015)에서도 주인공 알레한드로는 법을 무시하고 공권력을 이용해 개인적 복수를 하죠. 아카데미 시상식에서 7개 부문을 석권한 스티븐 스필버그 감독의 영화 〈쉰들러 리스트〉(1993)는 나치 정권 시절 선량한 독일인이 주인공입니다. 유대인을 주인공으로 내세운 영화를 찍어도 부족할 판에 말이죠. 게다가 이 영화에서는 사랑에 빠진 나치 병사의 인간적인 면도 묘사됩니다.

칙칙하고 어두운 이야기도 충분히 매력적일 수 있습니다. 일본의 〈기동전사 건담〉 시리즈는 전쟁을 겪은 주인공들이 죽거나 정신병에 걸리는 결말로 어둡고 허무한 내용이지만 명작으로 평가받죠. 레오 카락스 감독의 영화 〈퐁네프의 연인들〉(1991)은 노숙자 청년이 시각 장애가 있는 여성을 사랑하는데, 그녀가 장애를 고치지 못하도록 방해하고 폭력을 일삼으며 함께 노숙 생활을 하도록 강요하는 이야기입니다. 처음에는 매우 고통스러워 보이지만 결말에 이르러서는 여자 주인공도 그걸 원하는 듯 합니다. '남자가 여자 인생을 망치는 가해자네!'라는 잣대를 쉽게 들이댈 수 없도록, 비일상적 사랑의 한 형태를 기어코 그려내고야 맙니다. 웹소설에도 이런 사례는 많습니다. 사이다 없이 주인공이 끝없이 고통만 받는 '피폐물'이라는 장르가 따로 존재할 정도이니까요.

왜 그 이야기를 쓰고 싶은가?

처음의 질문으로 돌아가 봅시다. 아직도 내가 쓰는 이야기가 올바르지 않아서, 통쾌한 대리만족을 주지 않아서 사람들이 읽지 않을 것 같나요?

지금까지 수많은 사례를 살펴봤으니 이제 소재의 제약에서 좀 자유로워졌겠죠? 그런데 여전히 문제는 남아있습니다. '내가 쓰고 싶은 이야기'가 도대체 뭔지 모르겠다는 겁니다. 다음과 같이 쓰고 싶은 '이야기'를 쓰고 싶은 '장르'와 착각하는 분들을 볼 때가 있습니다.

- 지금까지 소소한 일상물만 써왔습니다. 하지만 평소에 과학 유튜버와 장대한 SF를 좋아해서 언젠가는 SF 장르물에 도전하고 싶어요.
- 어릴 때 『공포특급』 시리즈를 무척 좋아했어요. 저도 그런 호러물을 쓰고 싶어요.
- 주인공이 꿈도 희망도 없이 구르는 이야기를 쓰고 싶어요. 독자들이 전부 욕할 정도의 피폐물로요.

내면의 목소리에 귀를 기울이고 솔직해진 것은 다행입니다. 하지만 아직 조금 더 가야 합니다. 특정한 장르나 소재를 '다룰' 수는 있지만, '왜' 그 이야기를 쓰고 싶은지 대답할 수 있나요? '그냥 미스터리가 재밌어서요.' '피폐물이 제 취향이에요.' 이렇게밖에 대답할 수 없다면, 이야기를 쓸 때 장르와 소재만 맴돌다가 끝나게 됩니다. 내가, 그리고 인류가 '왜' 그 장르를 선택해 왔는지를 모르면 여전히 미궁 속에 갇혀있는 처지나 다름없습니다. 모든 걸 설명할 수 있지만 실은 그 어떤 것도 설명하지 못하는 '개인 취향'이라는 미궁 말이죠.

그 이야기를 왜 쓰고 싶은지 대답할 수 없다면 그건 여전히 '쓰고 싶은 이야기'가 아니듯이, 인간이 이야기를 좋아하는 이유를 이해하지 못하면 사랑받는 이야기를 쓰거나 제대로 감상할 수도 없습니다. 그래서 이것저것 복잡한 논의는 제쳐놓고 일단은 '이야기에 관한 이야기'부터 시작하려고 합니다.

2강

인간은 개연성과 당위성을 갈망한다

구석기 시대, 빛 한 점 들어오지 않는 동굴 깊은 곳에 누군가가 그림을 그렸습니다. 손이 닿지도 않을 것 같은 높이에 상당히 정교한 그림을 말이죠. 먹고살기도 바빴던 시대에 그는 왜 이런 비합리적 결심을 했을까요?

라스코 동굴벽화와 알타미라 동굴벽화는 구석기 시대 후기에 그려졌습니다. 이 벽화들은 동굴 깊숙이에서 발견됐는데, 일부는 손이 닿지도 않는 매우 높은 곳에 있었습니다. 누가 봐도 생활공간이라 할 수 없는 곳이었죠. 자, 여러분이 15,000년 전에 살았던 구석기인이라고 생각해 보세요. 아직 문자가 없는 상태에서 동료들과 수렵 및 채집 생활을 하며 살고 있습니다. 그러던 어느 날, 어두컴컴한 동굴 안으로 들어가서 아득한 높이의 천장에 그림을 그리기로 합니다.

이 얼마나 큰일인가요? 동굴 깊이 들어갔다가 무사히 나오려면 햇불이 도중에 꺼지지 않도록 잘 관리해야 했을 겁니다. 딛고 올라설 받침대도 필요했을 테고, 희미한 불빛 아래에서도 정교한 그림을 그릴 수 있도록 오랫동안 연습했을 테죠. 먹고살기에 급급한 와중에 분명 쓸데없는 일이었을 겁니다. 그 시간에 차라리 낮잠이라도 자두는 편이 생산적이었겠죠. 이케아에서 산 옷걸이 하나를 조립하는 일도 겨우 하는 게 인간이니 말입니다. 그런데도 구석기인들은 왜 이렇게 힘든 프로젝트를 수행하기로 마음먹었을까요?

인과법칙 없이
인간은 생각할 수 없다

구석기 시대의 동굴벽화에 대해서는 다양한 가설이 있습니다. 풍성한 사냥감을 기원하는 주술적 의도로 벽화를 그렸다는 가설이 가장 유명하죠. 이승과 저승의 경계처럼 느껴지는 어두운 동굴 속에서 동물들을 그리면서 사냥의 성공을 기원했다고 학교에서도 배웠을 겁니다. 우리는 여기에 대해서 별다른 의문을 품지 않았죠. 짚 인형의 얼굴에 부적을 붙이고 바늘로 찌르면 저주가 통한다거나, 국수의 면발을 끊지 않고 먹으면 장수한다는 속설이 미신인 건 알지만 '그럴싸하다.'라고 느끼며 넘어가는 것처럼요.

그런데 이건 정말 이상한 감각입니다. 아마도 인간만이 이 '그럴싸하다.'라는 감각을 느낄 겁니다. 그림을 찌를 뿐인데 멀리 있던 사람이 왜 죽죠? 긴 면발이 인간의 수명에 어떻게 영향을 미치죠? '닮은 것끼리 운명이 연결된다.'라는 인과관계가 그럴싸하다고 여기는 건 매우 인간적인 발상입니다. 영원히 눈을 감는 죽음은 어두운 것이므로, 어두운 동굴은 죽음의 세계로 향하는 통로이고, 죽음의 통로에 동물들을 그리면 그 동물들이 죽는다는 동굴벽화의 발상도 마찬가지죠.

허구의 인과관계가 그럴싸하다고 느끼는 것, 그게 바로 인간이 '개연성'을 감각하는 방식입니다. 증명도 어려운 이 '허구의 인과'를 인간은 진심으로 믿어왔습니다. 그냥 들어가기도 힘든 동굴 안에 값비싼 기회비용을 들여 웅장한 그림을 그릴 만큼이요. 세상의 작동 원리를 이해하고 싶었던 인류는 주변에서 일어나는 일들의 원인과 결과를 추론하려고 했습니다. 그리고 그 과정에서 신화와 종교, 민담과 전설 같은 이야기가 발명됩니다.

- 테베에 역병이 도는 이유는 아버지를 죽이고 어머니와 동침한 오이디푸스를 벌하지 않았기 때문이다.
- 사람도 귀한 선물을 받을수록 더 좋아하듯이 신에게도 귀한 선물을 바칠수록 더 기뻐할 것이다. 그러므로 가장 귀한 인간 제물—어린 처녀, 맏아들, 경기에 출전할 정도로 건강한 청년의 목숨—을 바치면 '기도발'이 가장 강력할 것이다.
- 조로아스터교 사제들은 세상에 큰일이 일어나면 하늘에 징조가 나타난다고 믿었다. 그들은 일식이 페르시아가 아테네를 멸망시킬 징조라고 판단했다.
- 죄를 지어 더럽혀진 사람을 죽여서 없애지 않고 죄만 사라지게 하려면, 그 죄의 무게에 어울리는 희생양에게 죄를 옮겨 대속하면 된다. 인류의 죄를 대속할 만한 그릇의 희생양은 예수님 정도는 돼야 한다.
- 중세 시대, 어느 유럽인은 자신의 제분 사업이 망한 이유가 그가 태어난 날 점성술에서 안 좋은 위치에 달이 있었기 때문이라고 믿었다.
- 15세기 르네상스 시대, 갓 태어난 아기가 급사하자 마을 어귀에서 혼자 사는 산파를 마녀라고 몰아세웠다.

이런 식으로 기껏 열심히 정리한 인과관계들이 현대에 와서 대부분 사실이 아니라고 밝혀졌습니다. 그래도 당시 사람들은 원인과 결과가 그럴싸하게 연결되면 별다른 의심 없이 믿었습니다.

만사가 인과관계를 따라 잘 돌아가고 있다고 느끼는 감각을 '개연성'이라고 합니다. 나아가 이 세상이 개연성을 갖고 잘 돌아간다고 느끼는 감각은 '당위성'이라고 부릅니다. "암, 그래야지. 세상이 그렇게 돌아가야 하고말고. 이게 맞지." 이런 말이 자연스럽게 나오는 순간, 화자의 머릿속에 자리 잡은 믿음이 바로 당위성입니다.

결투에서 이기면 승소하는 '결투 재판'이 중세 유럽에서 가능했던 이유는 선한 존재인 하나님이 부정한 자가 승리하게 두지 않으리란 세계관이 지배하는 시기였기 때문입니다. 고대인에게 인간을 제물로 받는 신이 없으면, 조로아스터교 사제에게 예언자 조로아스터가 없으면, 중세인에게 하나님이 없으면, 그들 세계의 당위성이 사라지고 사건들은 개연성을 잃을 겁니다.

만사에는 인과관계가 들어맞는 개연성이 있기를, 세계관에는 당위성이 있기를 갈망하는 것은 인간만이 느끼는 욕구입니다. 태어나자마자 침입자 뻐꾸기에 떠밀려 둥지에서 떨어져 죽는 새끼 오목눈이도, 교미 직후에 잡아먹히는 수컷 사마귀도, 뱃속에 품었던 새끼에게 자신을 먹이로 내주는 암거미도 삶이 왜 이래야 하는지 의문을 가지지 않습니다. 운명의 화살을 왜 내가 맞아야 하는지, 왜 나만이 불공평한지 묻지 않아요. 오로지 인간만이 자연의 엄혹하고 냉정한 방식에 의문을 품습니다. 그리고 자신의 삶에 왜 이런 일이 일어나는지 원인을 찾으려고 합니다. 오로지 인간만이 세상의 진리와 질서를 깨닫기를 원합니다. 오로지 인간만이 세계가 왜 이래야만 하는지를 알고자 합니다. 그럼으로써 자신의 삶이 지닌 의미를, 추구해야 하는 신념을 찾고자 합니다.

신화, 전설, 종교
그리고 음모론

전 세계 곳곳에 흩어져 사는 인간들이 제각각 신화, 종교, 전설, 민담, 속담을 가지고 있다는 사실이 신기하지 않나요? 어떤 사회든 이야기를 만들어 집단으로 공유해 왔습니다. 이야기를 만들지 않고 태어난 김에 그냥 사는 사회는 단 한 곳도 없습니다. 그리고 그 이야기에는 사회 구성원을 위로하는 허구의 개연성과 당위성이 담겨있죠. 세상이 돌아가는 이치를 어떻게든 이해해 보려고 인과관계를 짜 맞추어 이야기를 만들어 놓은 거예요. 다음과 같은 식으로요.

- 번개의 신이 번개 창을 던져서 번개가 치는 거야.
- 강의 신이 분노해서 강물이 범람하는 거야.
- 죽음의 세계로 갔던 풍요의 신이 돌아와서 겨울이 가고 봄이 오는 거야.
- 하늘의 개가 태양과 달을 한 입씩 깨물어서 일식과 월식이 일어나는 거야.
- 헤어졌던 견우와 직녀가 재회해 눈물을 흘려서 칠석에 비가 내리는 거야.

자연현상뿐만이 아닙니다. 주변에서 일어나는 일에도 뭔가 이유가 있다고 생각해야만 삶을 버틸 힘을 낼 수 있었죠. 눈앞의 고난과 불공평을 설명할 수 있는 당위적인 세계관이 필요했습니다. 그래서 이렇게 말하는 겁니다.

- 인간이 이토록 힘들게 노동해야 하는 이유는 신들이 자신들의 일을 대신하게 할 목적으로 인간을 창조해서 그래.* 아니야, 최초의 인간들이 신이 먹지 말란 열매를 먹는 죄를

짓고 노동형을 받아서 그래.
- 우리 민족이 유난히 가혹한 고난을 겪고 뿔뿔이 흩어진 건 이방신을 숭배해서 그래.**
- 그 사람이 복권에 당첨된 건 조상신이 돌봐서 그래.
- 우리 아들이 일찍 죽은 이유는 며느리가 남편을 잡아먹을 팔자라서 그래.
- 내게 나쁜 일이 연달아 생기는 건 삼재三災라서 그래.
- 신이 날 시험하기 위해 견딜 수 있는 만큼 고난을 주고 있는 중이라서 그래.

인간은 당위성이 없으면 이 세상을 납득할 수 없는 존재입니다. 그런데 현실은 매우 이상하고, 불공평하고, 절대적인 규칙이나 기준도 없고, 마땅히 그래야 할 이유를 찾기 힘들다는 것이 문제죠. 그래서 지금까지도 우리는 허구의 개연성과 당위성을 좇고 있습니다. 아무리 이성과 과학으로 세상을 해명하려고 해도 여전히 모르는 것투성이입니다. 그뿐인가요? 이 세상은 부조리한 일들 천지이죠. 어째서 아무 죄 없는

- 메소포타미아 지방에 있던 수메르 문명의 인간 창조 신화.
- ● 유다 왕국이 신바빌로니아 왕국에 멸망한 뒤, 수많은 유대인이 바빌론으로 끌려가 포로 생활을 했던 역사적 사건인 바빌론 유수.

갓난아이가 불치병에 걸린 채로 태어나고, 어째서 열심히 살던 선량한 청년이 아르바이트 중 사고로 죽어야 하며, 어째서 수많은 생명을 빼앗은 독재자가 천수를 누리는지, 어째서 애지중지 키운 5대 독자를 명문 의대까지 보냈더니 신입생 환영회에서 술 좀 마셨다고 급사하는지 도무지 이해가 안 됩니다. 그러니 과학이 있어도 종교가 필요하고, 타로나 별점을 보기도 하고, 사주를 풀어보거나 무당을 찾아가는 겁니다. 나아가 사이비 종교나 가짜 뉴스, 음모론에 빠지는 경우도 생깁니다.

음모론이 부조리한 현실보다 더 그럴싸하게 느껴지는 건 당연합니다. 세상을 이해하기를 갈망하는 인간에게는 과학적 이유 그 이상이 필요하기 때문입니다. 아무 의미 없이 사건이 '그냥' 일어난다는 사실은 받아들이기가 힘듭니다. 개연성과 당위성이야말로 만사를 관통하는 진리이기를 원합니다. 불교에서 과거에 업보가 있으면 미래에 나쁜 일이 생긴다고 하는 카르마karma도 인간이 개연성과 당위성을 추구한 부산물입니다. 우리가 바라는 이상적 세계에는 동기를 가진 인간과 인과적 개연성, 그리고 당위적 질서가 존재합니다. 그러나 현실에서는 인간의 동기가 불분명할 때도 많고, 개연성과 당위성이 갖춰진 스토리텔링을 찾아보기가 힘들죠. 냉정한 실존

그 자체입니다.

예를 들어, 세상에서 가장 선량하고 똑똑한 내 아들이 갑자기 죽었다고 해요. 그 잘난 과학수사를 했더니 '혈중알코올농도가 0.1%나 될 때까지 술을 마시는 바람에 일산화탄소에 중독된 줄도 모르고 죽었다.'라는 결과가 나와버립니다. 이건 내 '착한 아들'이 죽을 이유로 타당하지 않잖아요? '내 아들의 등골을 빼먹던 며느리가 내 아들의 생명보험을 들어두고는 매일 일부러 술을 권해서 그래.' '내 아들의 성공을 질투하던 친구가 같이 술을 마시다가 일부러 환기를 안하고 갔는데, 그 집 아버지가 검찰과 친구라서 사건을 덮은 거야.' 아들을 잃은 부모에게는 사실을 말하는 과학수사보다 이런 식의 음모론적 스토리텔링이 더 그럴싸하게 들릴 겁니다. 그래야 허무하지 않으니까요. 그래야 누군가를 탓할 수 있으니까요. 그래야 인과응보와 권선징악이라는 당위로 이 사건은 끝나지 않은 것이 될 수 있잖아요. 그래야 이 사건의 진실을 밝히기 위해 살아갈 수 있으니까요.

어떤 이야기가 그럴싸하게 느껴진다면, 바로 그 논리가 나에게 간절하게 필요한 것일 가능성이 큽니다. 그래야만 원망할 대상과 살아갈 이유가 생기거든요. 삶이 만족스럽지 않을 때 자신을 돌아보는 대신, 거듭되는 불운에 갈 곳 없는 분노를 견디는 대신, 나를 방해하는 악당이 있다고 생각하면 자신을 덜 미워할 수 있겠죠. 어떤 일에 화가 나면 내 분노가 정당한지 따지기보다는, 날 화나게 만든 상대가 처음부터 나쁜 사람이었다고 생각하는 편이 더 쉽습니다. 그리고 그와 얽힌 사건들을 모두 끌어들여 앞뒤 맥락을 목걸이처럼 꿰어버리면 이보다 더 깔끔할 수가 없죠.

삶의 고통을 설명하는 스토리텔링이 있어야만, 그리고 거기에 무슨 의도나 의미가 있어야만 삶의 우연성에 허무해지지 않을 수 있습니다. 그런데 과학은 인간이 살아야 할 이유까지는 알려주지 않아요. 그러므로 인간이 간절히 바라는 당위성으로 사건의 개연성을 극한까지 맞춰놓은 음모론이야말로 가장 그럴싸하게 들릴 수밖에 없습니다.

작법에서 말하는 개연성은 사실성도, 현실성도 아닙니다. **스토리텔링에서의 개연성이란, 인간이 현실의 부조리를 극복하기 위해 인위적으로 추구하는 당위적 질서이자 인과의 법칙입니다.**

인간이 부조리를 견디며
살아가는 법

미국의 실존주의 심리학자 롤로 메이가 쓴 책 『신화를 찾는 인간』에 이런 구절이 나옵니다.

> 세계에 신화가 없는 상태가 계속되는 한 우울증이 발생하고 자살이 상존할 것이다.

여기서 말하는 '신화'는 어떤 세계관에 속한 사람들끼리 그럴싸하다며 받아들이는 공통의 허구입니다. 실제로 증명하기는 어렵지만 세계관 안에서는 진리처럼 여겨지는 당위적인 메시지가 신화죠. 신화는 서사가 있는 이야기는 물론, 한 줄짜리 교훈이나 경험적 통찰을 담은 문장, 속담이나 아포리즘 등 다양한 형태로 표현됩니다.

- 네 이웃을 네 몸과 같이 사랑하라.
- 믿음, 소망, 사랑 중에 제일은 사랑이다.
- 이 세상에 신은 오로지 한 분뿐이다.
- 신은 견딜 수 있을 만큼의 시련만 준다.
- 어떤 영웅도 조강지처를 배신하면 패가망신한다. 메데이

아를 배신하여 저주를 받은 이아손을 보라.
- 아무리 뛰어난 인간도 신이 결정한 운명을 바꿀 수 없다. 부왕을 죽이고 친모와 결혼하게 되리라는 아폴론의 신탁대로 된 오이디푸스를 보라.
- 황금알을 낳는 거위의 배를 섣불리 가르지 마라.
- 놀부처럼 욕심을 부리면 패가망신하고, 흥부처럼 마음이 고우면 하늘이 돕는다.
- 말이 씨가 된다. 함부로 말하지 마라.
- 은혜를 베풀고 살면 까치 같은 짐승도 은혜를 갚는다.

이런 것입니다. 그럴싸한 허구의 신화, 다시 말해 세계관의 당위성이죠. **한 사회가 공유하는 신화를 보면, 그 사회가 중시하는 신념과 도덕을 확인할 수 있습니다.** 종교, 설화, 전래동화, 속설, 속담 모두 마찬가지입니다. 허구의 신화는 한 사회에 부족한 질서를 인위적으로 부여해 당위성을 채워줍니다. 신화가 세계관을 지탱하는 셈이죠. 그래서 그 당위성이 깨지면 '어라? 세상이 잘못되고 있나?'라는 생각이 듭니다. 영화 〈매트릭스〉의 네오처럼요. 세계의 진실을 깨달은 순간 자신이 그 세계의 이물질처럼 느껴집니다. 세계 전체가 환상일지도 모른다고 의심하게 되죠. **완전하고 매끈하던 세계관에 균**

열이 생기는 바로 이 감각이 '부조리'입니다. 우리가 공통으로 경험했던 부조리를 예로 들어보겠습니다. 세월호 참사를 기억하시나요? 이런 참사가 일어났다는 사실만으로도 부당하다는 느낌이 드는데, 유족들이 진도 팽목항에 가있는 동안 기회라는 듯이 빈집털이들이 기승을 부린다는 뉴스를 접합니다. 어떤 기분이 듭니까? 바로 이럴 때 우리는 부조리를 느낍니다. 보통의 인간은 이런 부조리를 오래 견딜 수 없어요. '세상이 이토록 무도하고 무의미하다면 열심히 살아서 무슨 의미가 있지?'라는 생각이 일상을 파괴하기 때문입니다.

그래서 인간은 당위성이 결여된 세계관을 있는 그대로 받아들이지 않습니다. **허구라도 추가해서 질서를 부여하죠.** 러시아의 대문호 레프 톨스토이의 단편「사람은 무엇으로 사는가」를 봅시다. 벌목꾼 남편이 나무가 쓰러지면서 비명횡사한 마당에, 쌍둥이를 갓 낳은 젊은 아내는 산후 후유증으로 아무도 없는 집 안의 차가운 돌바닥에서 쓸쓸히 죽어갑니다. 너무 가혹한 세계이죠.

톨스토이도 똑같이 생각했습니다. 이 여자의 목숨을 거두라는 신의 명령에 불복한 대천사 미하일은 인간계로 쫓겨나는 벌을 받습니다. 그는 인간들과 어울려 살면서 신의 뜻을 알아내고자 합니다. 과연 이렇게 가혹한 세계에도 신의 의도가, 당위성이 있을까요? 미하일은 구두장이 세몬이 어려운 형편에도 자신을 돕는 모습을 보고 '사람의 마음에는 사랑이 있다.'라는 사실을 깨닫습니다. 한 치 앞의 미래도 모르면서 쓸데없이 새 장화를 맞추는 남자를 보며 '사람에게는 필요한 것을 아는 힘이 주어지지 않았다.'라는 사실도 깨닫습니다. 부모를 잃었던 그때 그 쌍둥이가 이웃집 여성의 손에서 사랑받으며 자라는 모습을 본 미하일은 결국 '사람은 사랑으로 산다.'라는 사실을 깨닫습니다.

「사람은 무엇으로 사는가」에는 척박하고 부조리하고 불공평한 세상에도 신의 당위적인 의도가 있으리라고 믿는 간절함이 담겼습니다. 비록 사람이 신의 의도를 이해하지 못할지라도, 그조차 신의 뜻이라고 하죠. 톨스토이는 사람은 사랑을 가지고 태어났으니, 신의 방식을 의심하지 말고 이웃에게 사랑을 베풀며 살라는 아포리즘적 질서를 설파합니다. 이것이 부조리한 세상에 당위성을 채워 넣어 세계관의 질서를 회복하는 사람의 방식입니다.

멀티버스 세계관을 다룬 다니엘 콴 감독의 영화 〈에브리씽 에브리웨어 올 앳 원스〉(2022)를 봅시다. 조이는 한 몸으로 멀티버스를 전부 경험한 뒤 우주에 존재하는 그 어떤 것도 당연하지 않으며 모든 것이 찰나라는 사실을 깨닫습니다. 세계를 관통하는 의미 있는 메시지나 질서 따위는 없었습니다. 오로지 허무만이 진실이었죠. 우주적 규모의 압도적인 부조리 앞에서 조이는 세계를 파괴하고 자신도 사라지려 합니다.

〈에브리씽 에브리웨어 올 앳 원스〉는 허무에 사로잡힌 딸 조이를 구하기 위해 온갖 유니버스를 넘나드는 엄마 에블린의 이야기입니다. 에블린은 모든 것이 찰나일지라도, 그 짧은 시간을 소중히 여기려고 하죠. 소중한 가치들이 잿빛이 되고, 모녀 관계조차 무의미해져 한낱 돌이 될지언정 찰나에도 함께 있고 싶은 마음에 충실합니다. 우주의 부조리는 어쩔 수 없는 사실이지만, 인간이 그 부조리를 버티고 살아가는 법은 그저 매 순간 옆 사람에게 다정해지는 것이라는 아포리즘으로 이 영화의 세계관은 완성됩니다. '세계에는 메시지가 없다.'라는 사실을 정면으로 다룸으로써, 역설적으로 작품 속 세계관에 메시지가 존재하게 됐죠. 이렇듯 세계에 메시지를 내포한 당위적 질서가 있어야 인간은 안심합니다.

그런데 우리가 사는 이 세계에 절대적 정의도, 도덕도, 뚜렷한 선악도 없다면 어떻게 할까요? 노력이나 능력이 완전한 방패가 되지 못하고, 니체가 말했듯 신(화)도 죽었고, 모든 것이 무질서한 우연이며 물질의 입자이자 진동에 지나지 않는다면요? 돌멩이를 던지듯 특별한 목적 없이 그저 태어난 것뿐이라면, 이 세계에 당연한 가치가 하나도 없다면, 인간은 대체 어떻게 삶을 버틸 수 있을까요?

전쟁과 질병, 차별과 혐오, 불공평, 재난, 사랑하는 존재와의 이별 등 부조리가 만연한 세계에 던져져 불안한 우리는 모두 '에블린'의 딸입니다. 조이처럼 감정과 인성이 모조리 마모된 채 자포자기하여 블랙홀로 걸어가지 않기 위해서는 삶에서 의미와 가치를 찾아야 하죠. 그래야만 삶이라는 부조리를 극복할 수 있습니다. 우리가 소중하게 손에 쥐고 있는 것이 비록 허구의 신화일 뿐이라도, 끝내 인간은 세상의 부조리를 견디기 위해 당위적 질서를 갈망할 수밖에 없습니다.

당위성을 섬기는 인간의
이야기 본능

인간은 세계와 그 속의 자신을 인지할 수 있는 '자의식'을 얻은 대신 '이야기'를 섬기는 형벌을 받았습니다. 이는 고대의 신화나 전설, 민담만 봐도 알 수 있습니다. 신의 노여움을 사면 신세를 망칩니다. 여신의 유혹을 조롱하면 사랑하는 친구를 잃을 수도 있습니다. 용감한 영웅은 시련을 극복하고 관문을 통과합니다. 덕을 행하면 하늘이 언젠가 보상을 줍니다. 정숙貞淑을 높이 평가하는 세계관에서는 '수절 과부'야말로 가장 훌륭한 여성입니다. 심지어 그녀가 조국을 매우 사랑한 나머지 위험을 무릅쓰고 적장의 술자리 시중을 들다가 그를 참수한다면, 국가적 영웅은 물론 시대를 초월하는 뮤즈가 되고도 남겠죠**.

중세의 기사문학이나 기독교 전설은 어떨까요? 용감한 기사가 용이라는 시련을 극복하면 아름다운 귀부인의 사랑을 얻습니다. 왕의 자격이 있는 자가 명검 '엑스칼리버'를 얻고요***. 왕에게 충성을 맹세하고 목숨을 걸고 싸우는 기사들을 사람들은 찬미합니다. 독실한 공주가 하나님이 주신 시련을 기꺼이 감내하면 이교도의 술탄도 개종하고요****. 순결을 서원한 소녀의 머리카락이 순식간에 자라서 몸을 가려주는 기적이 일어나고*****, 순교하면 천국에 가고 성인과 성녀로 추앙받는 것이 당연합니다.

- 수메르 문명의 초기, 우루크 왕국을 다스렸다고 하는 왕 길가메시의 영웅 서사를 담은 「길가메시 서사시」.
- • 유딧이 조국을 지키기 위해 적진에 들어가 적장 홀로페르네스의 목을 베어 죽였다는 이야기를 담은 『성경』의 「유딧기」.
- • • 13세기에 기사문학으로 발전한 고대 브리튼의 아서왕 전설.
- • • • 14세기에 제프리 초서가 지은 설화집 『캔터베리 이야기』에 나오는 이야기.
- • • • • 기독교의 성녀 아그네스의 전설.

유교 사회도 이런 신화를 제공하는 일에 빠질 수 없죠. 인당수에 빠져 죽는 한이 있더라도 꿋꿋이 효도하면 보상을 얻습니다. 착하고 예쁘고 걱실걱실 일도 잘하고 손끝이 야무지면 새어머니와 이복자매의 방해를 뚫고 꽃신 한 짝만으로도 원님과 결혼할 수 있습니다. 지구 반대편에서는 비슷한 덕목을 가진 누군가가 유리구두 한 짝으로 왕자님과 결혼했다고 하고요.

르네상스 이후에도 마찬가지입니다. 왕위처럼 자신에게 과분한 것을 욕심내면 벌을 받습니다●●●●●●. 영국 문학사에서 소설 장르가 확립되는 계기를 마련했다고 평가받는 새뮤얼 리처드슨의 서간체 소설 『파멜라』●●●●●●●를 볼까요. 두터운 신앙심을 가진 착하고 검소한 소녀가 어떠한 어려움에도 정조를 지킨 결과, 그 보답으로 주인의 사랑을 얻어 신분 상승을 합니다.

근현대의 장르물들은 또 어떤가요? 연인은 사랑을 이루

●●●●●● 윌리엄 셰익스피어의 4대 비극 중 하나인 〈맥베스〉.
●●●●●●● 인쇄업자 새뮤얼 리처드슨은 서간문 양식을 정리하는 책의 집필을 의뢰받았습니다. 여기에 재미와 도덕적 가르침을 담으려던 리처드슨은 아무리 어려워도 정조와 덕을 지키라는 교훈적 이야기를 책에 집어넣습니다. 조선 시대의 『삼강행실도』처럼 여성을 위한 행동 지침서를 만들려고 했죠. 그렇게 해서 잘생긴 (집착광공) 귀족 주인과의 성적 긴장감이 가득한, 최초의 '고자극' 신분 상승 신데렐라 로맨스가 탄생했습니다.

고, 탐정은 수수께끼를 풀고, 금기를 어기지 않은 사람은 살아남죠. 숭고한 우주 앞에서 경이를 알고 겸손한 사람은 외계인과 우정을 맺을 수 있고, 용감한 주인공은 신비한 이세계를 모험하여 영웅이 되고, 재능과 노력을 겸비한 사람은 승리하고, 부당한 일을 당한 사람은 복수에 성공하고, 우정의 가치를 아는 친구가 일진을 이기고 학교의 정의를 바로잡습니다.

지금까지 살펴봤듯이 인류는 당위적인 세계관을 갖춘 개연성 있는 이야기를 계속해서 찾아왔습니다. 물론 그것을 깨는 이야기도 있지만 말이죠. 다음 강의에서 만나보겠습니다.

3강

세계관, 호모픽투스가 현실을 받아들이는 창

당신이 탄 버스는 지옥을 통과하는 중입니다. 처음에는 서로 좋은 자리에 앉겠다고 승객들 간에 실랑이가 있었지만 이제 어느 정도 합의에 이른 상황이죠. 당신의 자리는 약간 불편하지만 그래도 견딜 만합니다. 서서 가는 승객도 있으니 이 정도면 감지덕지죠. 승객들은 지옥이 어떤 모습인지 바깥 풍경에 전혀 관심이 없습니다. 버스 내부가 너무 밝아서 어두컴컴한 바깥이 전혀 안 보이기도 하고요. 게다가 실내 모니터에 재밌는 드라마가 계속 나오고 있습니다. 지금은 〈이태원 클라쓰〉가 방영 중입니다.

버스 내부는 안락하고 없는 게 없습니다. 버스가 너무 오래 달린 나머지, 이제는 모두 바깥세상이 있다는 사실조차 잊었습니다. 어쩌면 이 버스에는 종착지가 없을 수도 있겠어요. 영원히 내리지 않아도 되지만, 원한다면 언제든지 내릴 수 있습니다. 하지만 아무도 내리기를 원하지 않는 듯하네요. 당신이 탄 이 버스는 '현대 한국행'입니다. 참고로 '중세 유럽행' 버스에서는 온종일 〈가톨릭 성인 열전〉이 나온다네요.

"딱!"

갑자기 창문 위로 돌멩이 하나가 날아들었습니다. 금세 유리에 금이 가서 이대로 두면 창문이 깨질 것 같습니다. 걱정스러운 마음에 어떻게 해야 할지 다른 승객들에게 물어보니, 창문은 그 자리 승객의 소관이니 수리하든 아예 떼어버리든 알아서 하라고 합니다. 당신은 균열을 메우기 위해 버스에서 연장을 찾아서 창문을 수리하려 했습니다. 그런데 또 돌멩이가 날아오고 말았습니다. 균열이 더욱 커졌어요. '왜 하필 내 창문으로만 돌멩이가 날아오는 거지?' 화가 나지만 꾹 참고 결정을 내려야 해요. 아무도 당신 대신 선택해 주지 않으니까요. 수리를 계속하기로 마음먹은 순간, 균열의 틈새로 바깥세상이 보입니다. 당신은 깜짝 놀랍니다. 지옥을 처음 봤거든요. 끝이 없는 듯 거대하고 황량하고 지루하고 시시하고 난폭하고 잔인하고 무도하고 불의한, 그러면서 아무 당위도 존재하지 않는 세계를 보고야 말았어요.

버스는 도로 위에 쓰러진 사람들을 마구잡이로 치면서 달리지만 승객들은 이를 전혀 눈치채지 못합니다. 당신은 이 끔찍한 풍경을 더는 보고 싶지 않습니다. 안전하고, 쾌적하고, 다소 민주적이고 공평해 보이는 버스 안 풍경으로, 아무것도 모르던 때로 돌아가고 싶습니다. 고개를 돌리려는 찰나, 한 무리의 사람들이 힘을 합쳐서 이 아이러니의 땅에 나무를 심는 바깥 풍경이 눈에 들어옵니다. 저들은 무엇을 하고 있을까요? 저 일이 무슨 도움이 될까요? 당신이 그들을 발견했듯이, 그들도 당신을 발견합니다. 마치 버스에서 내리라는 듯 손짓을 합니다. 이제 어떻게 할까요? 당신은 지옥을 봤고, 이 버스가 미처 다 태우지 못한 사람들이 그곳에 있다는 사실을 알았습니다. 아무 일도 없었던 것처럼 전부 잊고 살 수 있을까요?

고민을 거듭하던 당신은 마침내 창을 부숴버립니다. 그리고 지옥의 진짜 풍경을 보는 순간 그 충격으로 다시는 예전처럼 버스 안을 볼 수 없게 됩니다. 모든 풍경이 달라집니다. 한 귀로는 바깥에서 들려오는 지옥의 소리를, 다른 귀로는 버스 승객들의 웃음소리를 듣고 있습니다. 그리고 깨닫습니다. 집단적 신화에 초대받지 못한 사람들이 저 바깥에 있다는 것을요. 지옥의 실체를 밝히기 위해, 그리고 지옥에 희망을 심기 위해 신화를 포기하고 스스로 버스에서 내린 사람들도 있다는 것을요. 하지만 아직은 용기가 없어요. 당신은 아직 두 개의 세계 사이에서 고민하고 있습니다.

왜 이런 이야기를 하느냐고요? 우리의 삶 역시 지옥과 신화 사이에 놓여있기 때문입니다.

창문에 균열을 내는 이야기도 필요하다

앞에서 저는 인류에게 허구의 당위성이 필요하다고 말했습니다. 아주 먼 옛날부터 인류는 당위성이 있는 이야기를 원했다고 말이죠. 그런데 모든 이야기가 그런 것은 아닙니다. 가끔은 이렇게 '창문에 균열을 내는 이야기'가 존재합니다. 허구의 당위성을 부지런히 수리하는 이야기가 보편적으로 사랑받아 왔지만, 한편에는 당위성에 균열을 일으켜 인간을 고통에 빠뜨리는 이야기도 있습니다.

일본의 전래동화인 「우라시마 다로」를 봅시다. 젊은 어부 우라시마 다로는 아이들이 괴롭히던 거북을 구해줬습니다. 알고 보니 이 거북은 용왕의 딸이었고, 용왕이 감사 인사를 하겠다며 다로를 용궁에 초대합니다. 용궁에서 며칠 동안 즐거운 시간을 보내고는 슬슬 가족이 걱정돼 집에 가려고 하자, 용왕의 딸이 그에게 보물상자를 하나 건네주며 절대 열어보지 말라고 신신당부를 하죠. 다로가 육지로 돌아왔을 때는 이미 300년이나 지난 뒤였고, 가족도 친구도 모두 사라진 상태였습니다. 슬픔에 빠진 다로는 당부를 잊고 무심코 상자를 여는데, 그 순간 그는 노인이 돼버리고 맙니다.

「우라시마 다로」가 정확히 어떤 메시지를 전하고자 하는지는 알 수 없습니다. 여기저기서 전승되다가 짜깁기된 이야기라서 그렇다는 분석도 있습니다. 하지만 결국 지금과 같은 형태로 완성돼 전해졌다면, '이래야 맞지.' 같은 당위성이 없는 상태로 이 이야기의 세계관이 받아들여졌다는 뜻이 됩니다. 어쩌면 세상에는 부조리한 현실을 있는 그대로 보는 '창문에 균열을 내는 이야기'도 필요하지 않을까요?

인류의 오랜 역사에는 이처럼 일부러 당위성을 파괴하고 현실을 있는 그대로 보려는 이야기들도 존재합니다. 현실이란, 남편이 벌목 사고로 비명횡사하고 아내도 산후 후유증으로 급사한 가운데 갓 태어난 쌍둥이마저 차가운 바닥에서 얼어 죽는 겁니다. 조이가 어머니 에블린의 만류에도 끝끝내 허무를 견디지 못하고 무無로 사라져 버리는 겁니다. 그게 현실입니다. 『성경』의 「전도서」에도 "헛되고 헛되다. 세상만사 헛되다."라거나 "지혜로운 사람도 어리석은 사람과 함께 사람들의 기억에서 영원히 사라져 버린다. 전에도 그랬지만 앞으로도 모든 일은 잊히고 마리라."라는 구절들이 나오잖아요. 지금 저는 단순히 '현실은 배드엔딩이다.'라는 말을 하는 게 아닙니다. '세계를 관통하는 불변의 질서는 없다.'라는 사실을 일부러 드러내는 이야기도 이 세상에 분명히 존재한다는 이야기를 하려는 것입니다.

실베스터 스탤론이 각본을 쓴 전설적 영화 〈록키〉(1976)를 봅시다. 뒷골목 무명 복서인 록키는 챔피언 아폴로를 상대로 후회 없는 경기를 펼친 뒤, 여자 친구의 이름을 외치며 그녀를 끌어안습니다. 영화에서는 이렇게 가장 영예로운 순간에 엔딩롤이 올라가죠. 하지만 현실에서의 그는 어두운 골목으로 돌아가 지긋지긋한 가난에 시달릴 겁니다. 그런 게 현실이니까요. 그런데 현실을 굳이 있는 그대로 보여주려는 이야기를 따라가다 보면, 때로는 무슨 말을 하고 싶은지 모르겠다는 생각도 듭니다. 이런 이야기들은 대체 왜 존재할까요?

문학은 인간의 경험, 감정, 사상 등을 언어로 표현하는 예술의 한 형태입니다. 의미와 가치를 지닌 허구의 이야기를 창작하는 행위는 문학 또는 그 파생으로 볼 수 있습니다. 신화,

전설, 민담, 서사시 등의 구전문학까지 고려한다면, 인간이 말을 시작한 순간부터 문학도 시작됐다고 할 수 있겠죠. 우리에게 가장 익숙한 문학의 하위분류는 순수문학(순문학), 대중문학, 장르문학일 겁니다. 예술적 가치를 추구하는 문학은 순수문학으로, 오락성을 추구하는 문학은 대중문학이나, 웹소설 같은 장르문학으로 구분되죠. 그런데 저는 여기에 조금 새로운 기준을 제시해 보고 싶습니다.

"이야기 속 세계에 당위적 질서가 있는가, 없는가?"

안타깝게도 현실 세계에 누군가의 창조 의도 따위는 존재하지 않습니다. 그러다 보니 현실에는 마땅히 그래야 하는 질서나 당위성이 부재하며, 우연하고 단발적인 사건들이 아무 이유 없이 무작위로 나타났다가 사라지는 '해프닝'이 가득합니다. 드라마〈프로듀사〉에 나오는 대사를 볼까요.

남들이 뒤에서 나를 헐뜯는 말은 독이 묻은 화살 같은 거랍니다. 그렇지만 다행히 뒤에 숨어서 하는 말은 힘이 없어서 그 화살이 내 가슴을 뚫지는 못한대요. 그런데 가장 어리석은 행동은 땅에 떨어진 그 화살을 내가 주워서 내 가슴에 찌르는 거죠. 맞지 않아도 되는 화살을 맞고, 받지 않아도 되는 상처를 받고.

내가 어떻게 할 수 없는 일로 악플이 달리고, 비난이 쏟아지고, 나쁜 일이 벌어져도 '왜 하필 나한테 이런 일이 일어났지?'라며 고민하지 말라고 합니다. 땅에 떨어진 화살을 주워서 가슴에 찌르며 아파하지 말고 그냥 길을 가라고 합니다. 맞는 말입니다만 그것도 사안이 어느 정도일 때나 가능한 일입니다. '누구나 겪는 불운이 이번에는 내 차례였을 뿐이다.'라며 여상히 넘길 만한 수준이 아닐 때도 있습니다.

국가 수준의 재난, 자연재해, 참사, 전쟁이 일어나거나, 개인에게 너무나 억울하고 불공평한 사건이 생겼다고 합시다. 왜 하필 그 순간, 그 자리에, 그 사람들이 있었던 걸까요? 그들이 천벌을 받아 마땅한 일을 해서일까요? 이야기의 세계에서는 그럴 수 있지만, 현실에서는 아닙니다. 화살을 줍지 않고 그냥 지나가려 노력한들 불가능한 때도 있습니다. 화살이 나의 삶과 정신을 관통하여 파괴해 버리는 일이 있습니다. '대체 왜 세상이 내게 이런 시련을 주는 걸까?'라고 질문하게 만드는 일이 현실에서는 종종 벌어집니다. 바로 이 질문을 분해해 봅시다.

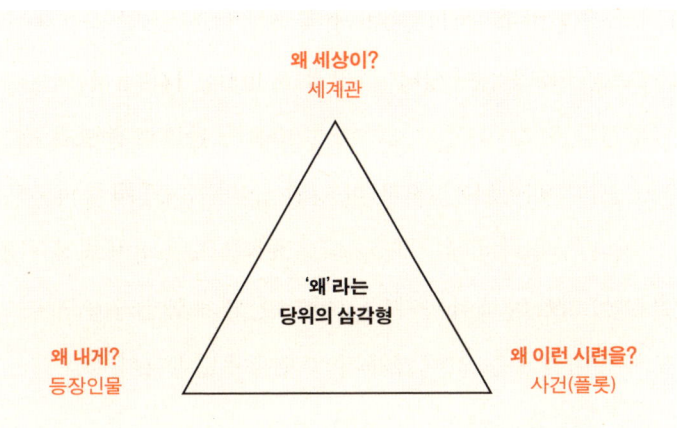

- **왜 세상이?**

이 세계에 진정으로 의도된 **당위적 질서**가 있는지를 묻는 질문입니다.

- **왜 내게?**

이런 부당한 일을 겪어야 할 만한 원인이 나라는 **인물**에게 있는지를 묻는 질문입니다.

- **왜 이런 시련을?**

이 사건(플롯)의 앞뒤 인과를 밝혀 **개연성**을 찾으려는 질문입니다.

극심한 불행으로 부조리의 절벽에 선 사람의 '왜'는 이런 식으로 삼각형을 이룹니다. 세계관, 인물, 사건(플롯)에 관한 당위성을 찾죠. 그러다 보면 보통 다음과 같은 질문으로 귀결되고는 합니다. '신(기획자)이 정말 있다면 어떻게 내게 이럴 수 있나?' 이 세계에 기획된 의도가 있다면, 이 세계가 마땅한 일이 마땅하게 돌아가는 곳이라면, 내게 이런 일이 벌어지도록 내버려 두는 것이 도무지 이해되지 않습니다.

**현실에는 기획된
세계관이 없다**

남녀 차별이 지독한 미국 시골, 찢어지게 가난한 농가에서 태어나 노동에 찌들어 살던 소녀가 자기보다 나이가 훨씬 많은 노인에게 팔리듯 결혼한 뒤 툭하면 장작으로 두들겨 맞으면서 살고 있다고 합시다. 고통으로 가득한 인생이었지만, 자신이 낳은 아들 다섯은 무척 자랑스러웠죠. 남편이 죽자 그녀는 경제적으로 더 궁핍해졌어요. 아들들을 키우기 위해 죽도록 고생합니다. 마침내 장남과 차남은 장학금을 받아 대학생이 됐고, 삼남과 사남은 힘이 장사라 농장 일을 도우니 살림살이가 한층 수월해졌습니다. 막내는 누구나 놀랄 정도로 잘생기고 노래도 잘해서 크면 배우가 되라는 말을 듣죠. 사람들은 입을 모아 '저 아주머니가 한평생 고생하더니 이제 한숨 돌리게 됐다.'라고 말해요.

그런데 전쟁이 난 거예요. 장남부터 차례로 끌려가기 시작합니다. 그러더니 하나둘 사망통지서가 와요. 설마 했는데 셋째와 넷째도 죽어요. 신이 정말 있다면 아직 열여덟 살인 막내아들까지 데려가지는 않으시겠죠? 제발 막내만은 늙은 어미의 품으로 돌려보내 주세요. 그녀는 일평생 누군가를 다치게 하거나 속인 적이 없어요. 아무리 삶이 고되더라도 일요일마다 교회도 꼬박꼬박 갔어요. 앞으로 살날이 길지 않은 노파의 다섯 아들이 모조리 죽다니, 인간의 삶이 이래서는 안 되는 거잖아요. 그런데 결국 막내아들도 죽었다는 사망통지서가 옵니다. 그리고 노파도 충격에 쓰러져서 그대로 숨을 거둬요. 시체를 쥐가 뜯어 먹고 코요테가 뼈까지 물어가서, 동네 사람들이 발견했을 때는 한 줌의 구더기만 남아 제대로 된 장례도 치르기 힘들 지경이었다고 합시다.

도대체 이 여성은 왜 그 고생을 견디며 살았을까요? 왜 남편이 때릴 때 반항조차 하지 않고 참았을까요? 왜 아무리 배고프더라도 빵 한 덩이 훔치지 않고 정직하게 버티며 살았을까요? 이런 삶에 어떤 의미가 있어요? 그런데 이런 게 현실입니다.

여러분이라면 이런 이야기를 읽을까요? 웬만해서는 안 읽겠죠. 용납이 안 되는 결말이잖아요. 뭔가 이래서는 안 된다는 느낌이 듭니다. 현실에서 이런 일이 생긴다면, 대부분은 이유를 찾으며 앞에서 말한 '왜'의 삼각형을 빙빙 돌려고 할 겁니다.

내가 겪은 부당함이 아니더라도 대형 재난이 닥쳤을 때 실감이 안 나기는 마찬가지입니다. 이런 일이 진짜로 일어난 다는 사실이 믿기지 않는 거예요. '지진이 나서 몇만 명이 죽었다고?' '사람들이 잔뜩 탄 대형 여객선이 가라앉았다고?' '뉴욕 한가운데에서 초고층 빌딩이 무너졌다고?' '비행기가 갑자기 추락했다고?' 뭔가 이상합니다. 우리와 같이 평범한 사람들의 삶이, 아무 이유나 징조도 없이 하루아침에 사라져 버리다니요. '분명히 무슨 음모가 있어.' '신이 천벌을 내린 걸까?' 이런 생각에 빠져들다 보면 다음과 같은 말에 솔깃한 사람들이 생깁니다.

- 아프리카 사람들이 오랫동안 수난을 겪은 건 그들의 조상인 함이 아버지 노아의 나체를 보고 형제들에게 떠들어댄 벌을 받아서야.

- 소돔과 고모라의 재난은 사람들이 타락했기 때문이야.
- 폼페이의 화산 폭발은 사람들이 성적으로 문란해서야.
- 타이태닉호에 탄 부자들은 향락을 즐기며 청교도 질서를 어겼으니까 벌을 받은 거야.
- 대통령이 무기를 팔아서 돈을 벌려고 일부러 전쟁을 일으킨 거야.

허구의 당위성을 추구하는 우리 호모픽투스Homo Fictus는 삶이 불행해지면 스토리텔링으로 꾸며진 음모론에 빠지기 쉽습니다. 누군가가 의도를 갖고 상황을 조작했거나 전지전능한 신이 개입했다고 생각하는 편이 훨씬 그럴싸하거든요. 한국 최초의 사이비로 평가되는 성주교가 일제강점기에 시작된 것도 이런 맥락에서 이해할 수 있죠. 신자들을 몇백 명이나 죽인 백백교도 비슷한 시기에 성행했습니다.

우리가 발 딛고 사는 현실은 당위성을 찾아 헤매는 인간의 본능을 번번이 배반합니다. 세계를 지배하는 올바른 질서란 존재하지 않죠. 누구도 이 현실을 완벽히 이해하거나 통제할 수 없습니다. 고생고생해서 키운 다섯 아들이 숭고한 목적도 없는 일에 개죽음당하는 일이 실제로 벌어집니다. 우리는 마치 지뢰와 금화가 무작위로 묻힌 벌판을 안전한 농장으로 착각하고 배회하는 한 무리의 들개 떼와 같습니다. 지뢰와 금화가 어디에 있는지 도무지 알 수 없죠. 현실에는 '기획된 세계관'이 존재하지 않기 때문입니다.

누군가가 규칙을 설정해 둔 세계관이 현실에도 있으면 얼마나 좋겠습니까? 지뢰와 금화가 묻힌 규칙, 누구에게 선물을 주고 누구에게 벌을 줄지 상벌의 규칙이 있다면 얼마나 좋을까요? 창조주가 보드게임처럼 일정한 기획 의도를 가지고 세계관을 설정했다면, 우리는 규칙에 따라 살면서 지뢰를 피하고 금화를 얻을 수 있을 겁니다. 지금껏 인류는 이 세계에 이유가 있다고 믿으면서, 천부당만부당한 일이 벌어지면 거기에 담긴 신의 뜻을 알아내려고 머리를 짜냈단 말입니다. 질서와 규칙을 알아내려고요. 전능한 신이 창조한 세계에 대체 왜 악이 존재하는지만으로도 과거에는 진지하게 고민했잖아요. 하지만 니체가 깨달았듯이 이 세계에 신은 없었습니다. 적어도 현실에서 일어나는 사건 하나하나를 세밀하게 설정한 신은 없습니다. 인간으로 태어나서 이 고생을 하며 살아가야 할 분명한 이유도, 인간으로서의 사명이나 본질도 없어요. 현실에는 당위성이 없습니다.

호모픽투스가 불편한
현실을 마주하는 법

그래서 어떤 이야기는 '당위적 세계관'을 일부러 해체합니다. 시궁창 같은 현실 그 자체를 보여주려고 합니다. 할머니의 막내아들까지 끝끝내 죽이고, 뒤통수를 때리는 듯한 충격과 배신감을 준 끝에 '그래서 인간의 삶이란 대체 무엇인가?', '어떤 목적을 가지고 살아야 할까?' 같은 생각을 하게 만듭니다.

루마니아 작가 콘스탄틴 게오르규가 쓴 명작 소설 『25시』를 봅시다. 어리숙한 청년 요한은 그의 아름다운 아내를 탐내는 동네 관리에게 유대인이라고 거짓 고발을 당하여 수용소로 끌려갑니다. 요한은 고생 끝에 유대인 동료들의 도움을 받아 수용소를 탈출하지만, 유대인이 아니라는 이유로 동료들에게서 버림받고 다른 강제 노역장으로 다시 끌려갑니다. 순수 아리아인으로 보이는 외모를 가진 요한은 나치 선전물 제작에 동원되다가 종전 후에는 나치 부역자로 프랑스 수용소에 감금되죠. 동명의 영화에서는 요한이 수용소로부터 겨우 풀려나 가족들을 만나며 이야기가 끝납니다. 그런데 원작 소설에서는 가족을 만난 요한이 다시 미군에 입대했다가 포로수용소에서 자살하며 이야기가 끝납니다. 이렇게 꿈도 희망도 없는 이야기가 정말 명작이라고요?

컬트 영화들은 어떨까요? 존 워터스 감독의 영화 〈암컷 소동〉(1972)에서는 밑바닥 인생의 여자가 제멋대로 살며 자기와 남의 인생을 망치다가 딸도 죽이고 전기의자에 앉는 처지가 됩니다. 잔인하고 더러우며 불쾌한 장면들뿐인데 이런 걸 보고 웃으라고 합니다. 당위적 세계관의 무차별적 파괴와 뒤통수를 때리는 듯한 통쾌한 전복에 웃을 수 있는 사람들도 있겠지만, 이런 스토리텔링에 익숙하지 않은 평범한 관객들에게는 보기조차 어렵습니다.

이처럼 당위적 세계관이 없는 이야기는 따라가기가 힘듭니다. 현실을 뚝 잘라서 피가 뚝뚝 떨어지는 단면을 눈앞에 들이밀면서 외면하지 말고 똑바로 보라고, 바로 이게 현실이라고 말하기 위해서 일부러 불편함을 유발하기도 합니다. 질문만 던져놓고 대답은 독자에게 떠넘기고, 현실을 바로잡고 싶으면 제대로 알아야 하지 않겠느냐고 묻고, 당신이라고 뭐 다를 것 같냐면서 독자의 멱살을 잡기도 하죠. 우리 같은 인간을 탓하거나 비웃으며, 때로는 우리에게 애걸하기도 해요. 시궁창 같은 현실에 일관성도 없고 예측이 어려운 인물들을 던져놓고는 인간의 약한 면과 악한 면, 뛰어난 면과 애잔한 면을 관찰하기도 합니다. 이해됐다가 안 되기도 하고, 안쓰럽

기도 하고, 밉기도 한 인간의 복잡다단한 층위를 한 꺼풀씩 벗겨내며 들여다보죠.

현실도 복잡해 죽겠는데, 이런 이야기를 읽으면 머릿속이 더 복잡해져요. 책을 덮고 나면 '도대체 하고 싶은 말이 뭐야?!'라며 소리를 지르고 싶죠. 그런데 한편으로는 우리가 외면했던 불편함을 다시금 직시하는 계기가 되고, 분노와 슬픔, 구차한 사랑과 연민, 구역질을 느끼기도 합니다. 내가 한낱 인간에 불과하다는 사실을 깨닫거나 살아 있다는 느낌을 받기도 하죠.

당위적 세계관이 없다는 사실을 일부러 부각하는 이야기들은 인문학·사회학·철학적 성장을 요구합니다. 기존의 신화를 끊임없이 깨뜨려요. 인간이라면 당연히 지켜야 하는 가치가 있다고요? '효? 내가 깨주마. 선악의 기준? 내가 깨주마. 신앙? 내가 깨주마. 도덕? 내가 깨주마.' 이것저것 박살 내고 아이러니의 황폐한 벌판에 남은 결론은 뭘까요? 대체 인간은 무엇을 믿고 따르며 살아야 할까요? 이제 믿을 건 없습니다. 신화가 다 깨졌거든요. 그저 살아 있는 것 자체에 집중할 수밖에요.

애니메이션 〈모노노케 히메〉도 그랬잖아요. 인간과 자연이 각자의 이유로 서로 충돌할 수밖에 없다면, 그 사이에서 인간도 동물도 계속 희생당하는데 선도 악도 없고 정답이나 해결책도 없다면 대체 우리는 어떻게 해야 할까요? 주인공 아시타카는 그저 '살아라.'라고만 대답하죠. 인간이 얼마나 애잔한 존재인지 깨닫는 수밖에요. 신화 대신 옆 사람과의 연대, 휴머니즘을 생각할 수밖에요. 버스에서 낙오됐다면 자신의 다리로 일어나 걸어야 할 수밖에요. "우리는 밭을 갈아야 합니다."라는 마지막 문장을 들이밀고 끝내버리는 볼테르의 『캉디드』• 같은 이야기가 있다는 겁니다.

장르문학의 세계관에서 사건은
도미노처럼 연결된다

반면 인류가 좋아해 온 이야기들은 당위적 세계관과 그에 따른 사건의 개연성을 갖추고 있습니다. 작가가 신화적 의도를 전달하기 위해 세계의 규칙을 만들고 무대를 창조한 이야기들입니다. 한마디로 '허구'란 소리죠.

• 주인공 캉디드는 '모든 것은 최선의 상태에 있다.'라고 믿는 순진한 청년입니다. 그는 사촌 퀴네공드를 연모했다는 죄로 집에서 쫓겨나 전쟁, 조난, 지진, 고문, 폭행 등 온갖 고초를 겪습니다. 고향에서 멀리 떠난 캉디드는 괴팍하고 거칠게 변해버린 퀴네공드와 재회하여 농장을 꾸리며 살아갑니다.

설령 실화에 기반한 이야기라고 해도, 창작자가 원하는 당위적 세계관에 그 실화가 기가 막힌 우연으로 들어맞을 때는 모티브로 가져올 수 있는 겁니다. 정윤철 감독의 장편 데뷔작 〈말아톤〉(2005)은 자폐가 있는 마라토너 배형진 씨의 실화에서 모티브를 얻은 영화로, 주인공이 온갖 어려움 끝에 마라톤을 완주하는 이야기입니다. 류승완 감독의 영화 〈모가디슈〉(2021)는 소말리아 내전 당시 남북 대사관 직원들이 목숨을 걸고 함께 탈출했던 실화를 바탕으로 했습니다. 스티븐 스필버그 감독의 영화 〈캐치 미 이프 유 캔〉(2002)은 천재 사기꾼 프랭크 애버그네일이 FBI 수사관의 끈질긴 추적 끝에 붙잡혀, 나중에 FBI 자문으로 일하기도 했다는 실화에서 영감을 받았습니다. 이 실화들은 해피엔딩이거나 적어도 정의, 우정, 희망, 회개의 메시지가 배치된 세계관에 부합하죠.

장르문학에는 대체로 이런 방향성이 있습니다. 당위적 세계관과 그에 따른 질서가 있죠. 작품 속 세계에 작가가 만든 허구의 구조가 있다는 뜻입니다. 신화는 이 구조를 아포리즘으로 표현하죠. 작가는 세계관의 규칙, 범주, 한계 등을 설정하여 자신이 창작하는 신화가 정당성을 얻도록 합니다. 예를 들어, 『심청전』은 당대 사람들이 '효'라는 신화를 따르며 대리만족하도록 만들면서 장르문학의 역할을 했죠.

기획된 질서가 있는 세계에서는 사건이 '지뢰'처럼 터지지 않고 '도미노'처럼 일어납니다. 애초에 인간이란 존재는 모든 사건을 원인-결과로 이어지는 필연적 흐름으로 사고하죠. 그래서 매 순간 선택에 대한 불안을 더 크게 느낄 수밖에 없습니다. 인간은 삶을 분기점끼리 연결되고, 도미노처럼 앞 사건이 뒷 사건의 원인이 되고, 뒷 사건이 앞 사건의 결과가 되어 흘러가는 것으로 느껴요. 이것이 바로 **'사건의 개연성'이라는 감각**입니다.

서사문학이라면 사건의 흐름과 개연성을 고려하기 마련이지만, 그중에서도 장르문학은 이를 더더욱 기술적으로 철저히 따릅니다. **사건의 흐름과 개연성은 장르문학에서 '플롯'이 됩니다.** 마지막 도미노 패가 쓰러진 이유는 첫 번째 도미노 패가 쓰러졌기 때문입니다. 극의 1막에 권총이 등장하면 최소한 3막에는 발사됩니다.* 작가는 도미노 패들이 독자의 정신을 쏙 빼놓을 정도로 아름답고 화려하게 넘어지도록 설계하고, 그 결과 독자는 마지막 도미노 패가 넘어질 때 카타르시스를 느낍니다. 중간에 몇 번이나 위기가 있었지만 결국

● 러시아 작가 안톤 체호프가 제시한 문학 장치론으로, '체호프의 총'이라고 불리는 이론입니다.

마지막 도미노 패가 넘어지리라는 사실도 압니다. 이야기를 시작하며 주인공이 뭔가를 하기로 결심했다면, 다시는 이 선택을 무를 수 없는 상태로 엔딩에 도착합니다.

이렇게 해서 주인공이 맞는 엔딩은 어떤 모습일까요? 엔딩은 세계관의 당위성이 증명되는 순간, 즉 이 세계가 만들어져야 했던 작가의 신화적 메시지가 전달되는 순간입니다. 그러므로, 약속된 규칙과 형식이 존재하는 장르문학에서는 분명한 이유가 없는 이상 "저 선배님⋯⋯. 이 새끼, 웃고 있는데요?"●●로 끝나는 엔딩은 위험한 거죠.

당위적인 세계관이 있는 이야기는 불확실한 현실, 즉 어떤 규칙이나 의도, 본질이 없고 오로지 실존만 있는 현실에서 불안에 빠진 인간을 아름다운 설계로 위로합니다. 세계관, 인물, 플롯으로 구축하는 명확한 디자인이자, 견고한 아키텍처라고 할 수 있죠.

장르문학의 비슷비슷한 전개가 유치하게 느껴진다고요? 작품마다 결론이 엇비슷해 보인다고요? 바로 그 비슷한 문법

●● 웹소설 『샤이닝 로드』의 「에필로그」에 나오는 유명한 대사입니다. 『샤이닝 로드』는 사채 때문에 장기가 팔릴 위기에 처한 주인공이 과거로 회귀한 뒤 인생을 다시 살며 승승장구한다는 내용인데요. 이 대사는 「에필로그」에서 장기 적출을 당해 죽어가는 주인공을 보면서 의사가 하는 말입니다. 그간의 성공은 전부 주인공이 죽어가며 본 환각이었다는 결말로 많은 논란을 일으켰습니다.

이 우리를 안도하게 만듭니다. 인간은 누구나 결핍이 있고, 그것을 메우기 위한 행동 규칙을 알고 싶어 하며, 규칙에 따라 살면 보상을 얻는 질서가 통하는 세계에 살고 있기를 바랍니다. 이런 본능 때문에 인간은 당위성과 개연성이 있는 스토리텔링에 빠져들어 위안과 대리만족을 느끼며 함께 울고 성내고 기뻐합니다. 과학이나 순수문학이 못하는 부분이 여기에 있죠. 소중한 존재를 잃어서 슬픔에 빠진 사람에게 '어떤 생명이든 죽으면 그저 원자로 흩어진다.'라면서 눈치 없이 구는 과학이나, 고된 삶에 지쳐 번아웃과 우울증에 시달리는 사람에게 채찍질하면서 굳이 부조리한 현실을 직시하게 만드는 순수문학 대신 쉴 곳이 필요한 인간은 신화를 찾습니다. 이것이 바로 **인류가 사랑하는 '당위의 이야기'가 하는 역할**입니다.

단, 당위적 세계관의 유무가 장르문학과 순수문학을 구분하는 기준이라는 말은 아닙니다. 인류가 사랑해 온 이야기들에는 대개 당위적 세계관이 존재하고, 장르문학이 대체로 이러한 특성을 공유한다는 뜻입니다. 이 기준으로 봤을 때, 어쩌면 장르문학이야말로 신화로부터 시작된 서사 문학의 적자嫡子이고, 현대의 실존주의 문학은 돌연변이의 서자庶子일지도 모릅니다. 표표히 흐르는 예술적 문학의 강이 최초에 있었고, 순수문학이야말로 그 흐름을 이었으며, 장르문학은 엔터테인먼트 목적으로 파생된 방계라고 생각하는 분들도 많겠지만, 저는 이와 반대의 관점을 가진 셈이죠. 사람들을 위로할 수 있는 이야기를 쓰고 싶다면, 신화, 전래동화, 대중문학, 장르문학에 흐르는 구조주의적 설계를 주목해야 한다고 보는 겁니다.

물론 장르문학이 항상 보기 좋은 신화를 제시하지는 않습니다. 순수문학이 당위적 세계관을 항상 해체하는 것만도 아니고요. 창문에 금이 가듯 뒤통수가 얼얼할 정도의 실존적 균열이 침투한 장르물도 많습니다. 정유정 작가의 소설 『28』은 좀비 때문에 세상이 멸망하는 아포칼립스 장르물입니다. 형식만 보면 장르문학이지만 국가에 의한 고립과 폭력에 관한 묘사, 어두운 엔딩은 광주민주화운동의 은유로 보입니다. 이와 반대인 순수문학 작품도 있습니다. '제게 이러는 이유가 있을 거 아니에요?'란 말이 절로 나올 정도로 꿈도 희망도 없는 이야기를 내밀다가 엔딩에 가서는 '인간이 지켜야 할 가치가 있다.'라는 위로의 메시지로 끝나는 경우도 있습니다. 한강 작가의 소설 『소년이 온다』는 똑같이 광주민주화운동을 다루지만 뚜렷한 플롯 없이 인물들의 고통과 심상을 위주로 기록합니다. 모든 것을 기록하여 잊히지 않도록 하려는

'작가로서의 역사적 숙명'이 마지막 안도가 돼주죠.

여기서 잊지 말아야 할 것은, 우리는 모두 균열이 생긴 창문 옆에 앉은 승객이라는 사실입니다. 창문의 균열을 메울지, 아예 창문을 부술지는 여러분의 선택입니다. 이 선택과 마찬가지로 순수문학과 장르문학 중 무엇이 더 뛰어난지 둘 사이의 우열을 가리는 일은 의미가 없습니다.

4강

살아남는 이야기의 세계관-인물-플롯 구조

이야기를 창작할 때는 이 '왜'의 삼각형을 떠올려야 합니다. 그런데 세계관과 인물, 플롯을 각각 설정한 다음에 합치려고 하면 이야기를 만들기가 더 어려워집니다.

- 나는 중세 시대를 좋아하니까 세계관은 중세풍으로 잡아야겠다.
- 강인한 캐릭터가 좋으니까 주인공은 먼치킨 캐릭터로 설정해야지.
- 로맨스와 성장 서사를 좋아하니까 사랑 속에서 성장하는 로판을 써봐야겠다.

이렇게 각각 설정한 다음 한 이야기에서 합친다면 어떻게 될까요? 물론 작가의 역량에 따라 잘 합치면 매력적인 이야기가 나올 수도 있습니다. 그러나 그보다는 삐거덕거리는 이야기가 나올 확률이 더 높습니다. 작가가 만든 주인공인데도 작가의 의도대로 움직이지 않습니다. 주인공의 행동이나 결정 등 사사건건 개연성과 당위성이 부족하므로 사건을 전개할 때마다 작가가 일일이 변명을 해줘야 합니다. 특별한 심리묘사 없이도 주인공이 독자의 멱살을 잡아끌고 폭주하는 기관차처럼 엔딩까지 돌진하는 몰입감 넘치는 이야기도 많은데 말이죠. 대체 어떤 이야기는 여기를 고치면 저기에 문제가 생기고, 저기를 고치면 다시 여기가 무너지며 왜 그렇게 덜그럭댈까요? '왜의 삼각형'으로 연결된 구조를 각각 분리해서 생각했기 때문입니다.

세계관—인물—플롯의 삼각구조

이야기의 구조를 세계관, 인물, 플롯으로 딱 잘라서 구분하기는 어렵습니다. 이 셋은 서로 영향을 미치며 밀접하게 엮여있기 때문입니다. 아니, 실은 한 몸이나 마찬가지입니다. 좋은 이야기일수록 더 그렇습니다. 인물을 시공간적으로 확장한 것이 세계관이고, 행동으로 확장한 것이 플롯입니다. 그러므로 인물이 세계관에 따른 보상이나 처벌을 받지 않거나, 우연한 사건이 너무 많이 일어나면 이야기에 당위성이 부족하다고 느껴집니다. 좋은 이야기는 세계관, 인물, 플롯의 삼각형이 서로 계속 자리를 바꾸며 돌아갑니다.

이 삼각형을 제대로 이해하지 못하면 이야기의 창작이나 감상, 비평도 어려워집니다. 세계관, 인물, 플롯을 각각 별개의 것으로 간주하고 이야기를 쓰면, 들입다 세계관만 짜는 '세계관 오타쿠'가 돼버릴 수도 있어요. 이야기를 쓰기 전 유독 세계관 설정에 과몰입하는 분들이 있습니다. '세계관 설정'을 '이야기 설계'와 혼동하기 때문인데요. 이런 분들은 세계관 오류에 굉장히 민감합니다. 설정 붕괴 없는 무오류의 세계를 만든 뒤, 여기에 자신이 좋아하는 캐릭터들을 집어넣으면 이야기가 매끄럽게 시작되리라고 생각합니다. 자신이 창작한 세계의 신화와 전설, 조상들의 계보, 고대의 전쟁, 천족과 마족의 대립, 여러 종족의 사회상과 가치관, 생활 방식, 지형, 기후, 지도 등에 관해서 매우 세밀하게 설정하고 백과사전처럼 정리한 뒤 이것을 이야기라고 착각합니다.

그런데 막상 주인공이 움직이기 시작하니 딱히 재미가

없습니다. 뭔가 술술 굴러가지 않는 느낌입니다. 그러다가 인물들과 세계관이 충돌하는 지점을 발견하고는 다시 세계관을 뜯어고칩니다. 여기를 고치면 저기가 또 안 맞으니 이것저것 다 철거하고 거의 새로 짓는 대공사를 하느라 한세월을 보내죠. 그러나 절대적인 무오류의 세계를 먼저 만든 뒤 여기에 캐릭터들을 집어넣는다는 발상은 이야기 창작과는 거리가 멉니다. 이는 최애캐*들과 몇 가지 신을 각각 설정한 뒤 디오라마에 집어넣고서는 알아서 움직이길 바라는 것이나 마찬가지입니다.

한국 사람들은 『반지의 제왕』이나 〈왕좌의 게임〉에 나오는 웅장한 세계관을 싫어하기 때문에 자신의 작품이 안 팔린다고 주장하는 분들이 1990년대 PC 통신 시절부터 지금까지 무수히 많았습니다. 하지만 한국 독자들이 웅장한 세계관을 싫어하거나 진중한 빌드업을 못 견뎌서 수준 낮은(?) 웹소설이 판치는 것은 아닙니다. 이런 분들의 이야기는 대개 세계관은 웅장하지만 다소 뻔한 데다 세계관을 설명하느라 지면을 과하게 사용하는 경우가 많습니다. 인물들은 과거 서사만 있을 뿐 내면은 없는 껍데기 같고요. 무엇보다 재미가 없습니

---

* '최고로 사랑하는 캐릭터'의 준말.

다. 그저 그뿐이에요.

해적 선장의 보물찾기 게임과
이야기의 세계

여기 보물찾기 게임이 있다고 해요. 파산한 해적 선장이 우연히 보물 지도를 손에 넣은 뒤 보물을 찾아 모험을 떠납니다. 보물 지도는 암호로 기록돼서 안타깝게도 보물의 위치를 순순히 알려주지 않습니다. 암호의 규칙을 알고 내용을 해독해야만 보물의 위치를 알 수 있죠. 항해 중 풍랑을 만나고, 선원들의 배신을 막아내고, 보물섬의 원주민들과 싸워서 이기고, 함정에 빠져 위험천만한 상황에 놓이는 순간도 있습니다. 하지만 해적 선장은 마침내 지도를 해독하고는 함정에서 빠져나와 보물상자를 손에 넣은 뒤 열어봅니다. 그 안에는 무엇이 들었을까요?

해적 선장의 보물찾기 게임이라는 이야기에서 **세계관은 보물 지도의 범위입니다**. 항구와 술집, 위험한 바다, 수많은 섬, 암초, 해류로 만들어진 스테이지가 있고 그 밖의 다른 곳은 존재하지 않죠. 무대와 보물 지도의 암호는 작가의 의도대로 설계돼 있으며, 플레이어는 암호의 규칙을 알아내야만 게

속 탐험할 수 있습니다.

그렇다면 작가는 이런 세계를 왜 설계하는 걸까요? 작가는 자신의 설계 의도를 게임을 통해 전달하려고 합니다. 작가의 메시지는 최종장에서 확실해집니다. **마치 숨겨진 보물 상자와 같죠.** 지도 위 'X 표시'가 있는 곳에 묻혀있는 보물처럼, 이야기의 끝에는 작가가 전하려는 신화적 메시지가 독자를 기다리고 있습니다. 로맨스물에는 '진정한 사랑은 어떤 장애물도 뛰어넘는다.'라는 보물이, 탐정물에는 '뛰어난 탐정이 수수께끼를 해결한다.'라는 보물이 묻혀있는 셈이죠.

이야기를 이끄는 **주인공은 보물이 '결핍'된 인물입니다.** 보물을 결핍한 해적 선장처럼, 주인공은 신화적 메시지를 충족하지 못하는 인물입니다. 메시지가 결핍된 주인공은 그것을 찾아 항해해야만 합니다. 「바리데기 공주」의 바리데기는 아버지의 인정이라는 보물을, 〈라이온 킹〉의 심바는 정당한 왕위라는 보물을, 『오만과 편견』의 엘리자베스는 진정한 사랑이라는 보물을 찾아 나섭니다. 주인공의 결핍은 보물을 향한 항해의 동력이 됩니다.

보물찾기 게임에서 스테이지, 즉 **플롯은 보물을 찾아 나아가는 항로입니다.** 보물 지도에 나오는 대로, 한 섬에서 다음 섬으로, 하나의 난관에서 다음 난관으로 필연적으로 연결되죠. 이처럼 잘 설계된 항로를 따라가면, 결국 보물이 묻혀있는 'X 표시'에 도달합니다.

이 이야기에는 주인공 선장과 함께 배에 오른 선원들이 있습니다. 항해사, 갑판장, 요리사, 의사처럼 각자 고유한 역할을 맡은 주변 인물들이 있죠. 어떤 이는 주인공을 돕고, 또 어떤 이는 주인공을 배반하여 여정에 변수를 만듭니다. 중요한 것은 이들 모두가 보물을 향한 항해라는 큰 틀 안에서 각자의 역할을 한다는 사실입니다. 모든 선원은 보물을 향한 항해에 직간접적으로 영향을 미치는 존재여야 합니다.

주인공은 보물을 향한 여정에서 수많은 시험과 시련을 만납니다. **항해 중에 만나는 폭풍우, 바다 괴물, 적대적인 해적선 등**, 시련들을 통과하며 주인공은 보물을 발견할 자격을 더욱더 갖추게 되죠. 모든 시련은 보물을 찾기 위한 필수 관문으로 기능합니다.

작가의 메시지는 보물상자를 여는 순간에 드러납니다. 긴 항해 끝에 'X 표시'가 있는 곳에 도착하여 오래된 나무 상자를 발견하는 희열의 순간 주인공은 마침내 자신의 결핍을 채울 메시지를 깨닫습니다. 상자 안에 무엇이 들었든 주인공에게 진정한 보상이 됩니다. 이 순간 주인공은 완전해지고 세계관의 질서를 이해합니다.

보물을 찾은 뒤의 귀환은 엔딩에 해당합니다. 보물을 찾은 해적 선장은 고향 마을의 항구로 돌아갑니다. 마찬가지로 이야기의 세계에서 메시지를 깨달은 주인공은 달라진 모습으로 원래 세계로 돌아가거나 새로운 삶을 시작합니다. 이 귀환은 단순한 돌아감이 아니라 보물을 품에 안은 승리의 행진입니다. 바리데기가 이승과 저승을 잇는 무속의 신이 되고, 심바가 프라이드 랜드로 돌아가 왕이 되듯이, 주인공은 자신이 얻은 메시지로 세계를 바꿉니다. 그리고 이렇게 변화한 세계는 작가가 처음부터 의도한 보상의 형태를 띱니다.

결핍, 삼각구조를 관통하는 이야기의 본질

해적의 보물찾기 게임에도 지켜야 할 '당위성의 질서'가 있습니다. 보물 지도와 상관없이 우연히 보물을 발견해서는 안 됩니다. 모험 중 차례로 어려워지는 중간 스테이지들을 건너뛰고 갑자기 최종 스테이지로 가서도 안 됩니다. 제대로 플레이하지 않았는데 저절로 게임이 진행돼서도 안 됩니다. 꿈꿨던 보물을 발견하지 못할 수도 있고, 처음부터 보물이 없었을 수도 있지만, 최종 스테이지는 분명히 존재해야 하며 거기에는 보물급의 보상이 있어야 합니다.

이야기의 당위성도 마찬가지입니다. 앞에서 저는 부조리의 절벽에 선 사람이 세 가지를 의심한다고 했습니다. '대체 왜 세상이, 내게, 이런 시련을 주는 걸까?' 세계관, 인물, 플롯 이렇게 세 가지의 '왜'를 찾는다고요. **'이래야 마땅하다.'**라는 느낌이 드는 이야기가 되려면, 보물찾기 게임처럼 **세계관에 규칙이 있고, 사건을 시작하는 인물이 있고, 플롯에 개연성이 있어야** 합니다. 이 셋은 서로 긴밀하게 연결된 삼각형을 이루고 있으며, 삼각구조의 균형이 갖춰졌을 때 비로소 이야기에 당위성이 생깁니다.

보물찾기 게임은 보물이 '결핍'된 상황으로부터 시작된다는 점에 주목해 볼까요. '인물을 시공간적으로 확장한 것이 세계관이고, 행동으로 확장한 것이 플롯이다.'라고 앞에서 설명했습니다. 여기서 바로 인물의 **'결핍'**이 열쇠입니다. 인물은 자신에게 결핍된 것을 찾기 위해 더 넓은 시공간을 누비고 더 많은 행동을 하려고 합니다. 결핍된 것은 인물의 바깥에 있으므로 움직여서 경험의 세계를 넓혀야 합니다. 그 과정에서 만들어진 무대의 범위가 세계관이고, 게임의 규칙에 따라 배치된 사건들이 플롯입니다. 최종적으로 결핍을 채워주고 인물이 성장하면, 그 성장의 크기만큼이 세계관의 범위와 플롯의 궤적이 됩니다. 결과적으로 인물에게 결핍된 것은 세계관의 질서였고, 그 결핍을 채우기 위해 일으키는 사건은 정답에 다가가는 풀이 과정이었다고 할 수 있습니다.

'내게 마땅히 주어져야 했지만 부조리한 현실 때문에 박탈당했던 무언가를 회복하고자 하는 이야기'를 인간은 사랑해 왔습니다. 인물의 결핍에서 모든 것이 시작되죠. 그리고 그 결핍된 것이 바로 작가의 메시지입니다. 이제 이야기를 시작하고 설계하고 끝까지 끌고 가는 힘, '인간의 결핍'에 관해 본격적으로 이야기해 보겠습니다.

2부

모든 이야기는 결핍에서 시작된다

5강

이야기는
세계관을 결핍한 인물의
문제 풀이 과정이다

지금까지 세계관, 인물, 플롯의 삼각구조를 살펴봤습니다. 여기서는 이야기의 구체적인 흐름을 통해 세계관이 어떻게 서로 엮이는지를 알아 보겠습니다. 4강에서 예로 들었던 '해적 선장의 보물찾기 게임'을 떠올려도 좋습니다.

1. 어떤 세계 속 주인공은 결핍을 자각하는 순간 결심을 하고 돌아올 수 없는 강을 건넌다.
2. 주인공이 선택한 행동은 사건의 연쇄를 부른다. 이 행동 궤적은 문제 풀이 과정이기도 하다.
3. 문제의 함정에 빠져 오답을 선택한 주인공의 마음이 무너

진다. 주인공 맞춤형 지옥이 펼쳐진다.
4. 오답도 필요한 과정이었다는 사실을 깨닫고 다시 문제 풀이에 전념한다. 정답의 힌트는 오답의 뒷면에 있었다.
5. 올바른 방법으로 문제를 풀어나간다. 이것이야말로 세계관의 문제 풀이 규칙이다.
6. 드디어 엔딩에 도착한 주인공은 세계관의 질서(작가의 메시지)를 회복하고 결핍도 해소된다.

이를 한 문장으로 압축하면 다음과 같습니다.

세계관의 당위성을 결핍한 주인공이, 결핍을 해소하겠다는 동기를 갖고 세계관의 규칙대로 움직여서, 세계관 속에 숨겨진 메시지를 깨닫고 자신의 결핍도 해소한다.

세계관, 인물, 플롯은 서로 긴밀하게 이어져 있습니다. 그러므로 세계관의 질서를 설명하다 보면 인물의 결핍을 묘사해야 합니다. 결핍을 해소하려는 행동을 설명하다 보면 플롯을 살펴야 합니다. 플롯을 따지다 보면 세계관이 가진 게임의 규칙을 언급할 수밖에 없는 식으로 모든 것이 연결됩니다.

『아낌없이 주는 나무』로 유명한 작가 셸 실버스타인의 또 다른 작품 『잃어버린 조각을 찾아서 The Missing Piece』를 볼까요. 이 빠진 동그라미가 잃어버린 조각을 찾기 위해 여행을 시작합니다. 수많은 조각을 만나 자신과 맞춰봤지만 어떤 것은 너무 크고, 어떤 것은 너무 작았습니다. 어떤 것은 모양이 맞지 않았죠. 동그라미는 여러 노력 끝에 마침내 잃어버린 조각을 찾습니다.

조각을 맞춰 넣자 동그라미는 드디어 완벽해졌습니다. 빠르게 구를 수 있게 됐습니다. 그러나 이제 노래를 할 수 없게 됐고, 멈춰 서서 길가의 꽃향기를 맡을 수도 없었습니다. 오로지 빨리 구를 뿐이었습니다. 결국 동그라미는 다시 조각을 내려놓은 뒤, 불완전한 채로 덜그럭거리며 길을 떠납니다. "잃어버린 나의 한 조각을 찾아서 간다네."라고 노래를 부르면서 말이죠. 이 이야기를 아까처럼 6단계로 나누어 정리해 보겠습니다.

1. 동그라미는 자신의 조각을 잃어버려서 불행했다. 그래서 조각을 찾기로 결심하고 길을 떠난다.
2. 동그라미가 움직이기 시작하자 고난이 닥친다. 덥고, 춥고, 비가 오고, 바람이 부는 시련의 연속이다. 동그라미는 많은 조각을 만나서 대보고 실패하기를 반복한다. 실망스

럽지만 한편으로는 여정이 즐겁기도 하다.
3. 동그라미는 드디어 딱 맞는 조각을 찾아서 기뻤지만 행복해지진 못한다. 오히려 더 불행해진다.
4. 동그라미는 마침내 이런 메시지를 깨닫는다. '있는 그대로의 자신을 받아들일 때 진짜 삶을 즐길 수 있다. 네가 느낀 결핍은 실은 결핍이 아니라 삶을 받아들일 틈새였다.' 동그라미의 여정은 이 배움을 위한 과정이었다.
5. 동그라미는 조각을 내려놓고 진정으로 행복해진다.
6. 동그라미의 결핍은 잃어버린 조각이 아니라 삶을 받아들이는 태도에 있었다. 동그라미의 진짜 결핍이 바로 작가가 전하는 메시지이다.

이렇듯 이야기의 흐름을 정리하다 보면 세계관, 인물, 플롯을 각각 분리하기가 어렵다는 걸 알 수 있습니다. "세계관의 당위성을 결핍한 주인공이, 결핍을 해소하겠다는 동기를 갖고 세계관의 규칙대로 움직여서, 세계관 속에 숨겨진 메시지를 깨닫고 자신의 결핍도 해소한다." 이 내용을 각각 더 면밀히 살펴보겠습니다.

6강

주인공:
인물의 빈칸이
공감을 부른다

영화 〈이보다 더 좋을 순 없다〉(1997)의 주인공 멜빈은 '사람은 서로 사랑해야 한다.'라는 세계관의 신화적 질서가 결핍된 인물입니다. 작가가 전달하고자 하는 이 핵심 메시지를 결핍한 인물은 열등감을 느낍니다. 멜빈은 자신이 사랑받기 어려운 외모와 나이, 그리고 강박적이고 까칠한 성격을 가졌다는 사실을 잘 알고 있죠. 그 때문에 사랑이 전혀 필요 없는 척을 합니다. 더 강박적으로, 더 까칠하게 굴죠. 카페에서 늘 앉는 자리에만 앉으려고 괴팍스럽게 고집을 부리며, 같은 색의 보도블록만 밟기 위해 다른 사람들의 사정을 무시합니다. 치료로 강박을 극복할 수 있지만 일부러 내버려 둡니다. 자신이 외로운 사람이라는 사실을 자각하게 될까 봐 누가 개 한 마리만 맡겨도 극심하게 싫어하는 모습을 보이죠. 두려운 겁니다.

하지만 멜빈이 개에게 정을 붙이고 주인에게 돌려보낼 때 남몰래 훌쩍거리는 모습을 보면서 우리는 이 사람이 겉과 속이 다르다는 사실을 눈치채죠. 그는 이렇게 슬퍼지는 것이, 누군가를 잃고 괴로워지는 것이 무서웠던 겁니다. 사람을 싫어하며 타인에게 못되게 구는 모습은 사랑받지 못한다는 열등감을 들키고 싶지 않다는 방어기제입니다. 멜빈은 여러 사건을 거쳐 자신이 캐롤이라는 여성을 사랑하게 됐다는 사실을 깨닫습니다. 캐롤은 멜빈에게 악감정이 있긴 하지만 '그래도 내면은 따뜻할지도?'라며 긴가민가한 상태입니다. 마침내 멜빈은 지금까지의 고집과 자존심을 버리고 버려짐에 대한 두려움을 이겨내며 캐롤에게 구애합니다. 캐롤이 승낙할지 말지 고민하는 모습을 보며 두려워서 어쩔 줄을 몰라 하는 멜빈에게 우리는 몰입하게 되죠. 우리도 마찬가지로 관계에 대한 결핍이 있는 인간이기 때문입니다.

세계관의 질서를
결핍한 인물

이처럼 이야기에서 처음부터 뭔가가 결핍된 인물이 나오는 이유는, 그가 성장하여 작가가 이 세계관에서 가장 중요하게 생각하는 보물을 얻는 과정을 보여줘야 하기 때문입니다. **인물에게 결핍된 것이 바로 작가의 '신화적 메시지'이자 '세계관의 질서'입니다.** 이야기 속 인물은 세계관의 질서에 부응하지 못하고 낙오하여 열등감을 느낍니다.

이번에는 영화 〈마티〉(1955)를 봅시다. 노는 것밖에 모르는 친구들과 달리, 노총각 마티는 진실한 사랑을 원합니다. 그런데 마티는 잘생김과 영 거리가 멉니다. 무섭고 험악하게 생겼죠. 외모에 자신이 없으므로 진정한 사랑이라는 결핍을 채울 수 있을지 모르겠어요. 마티의 열등감은 '외모 때문에 사랑을 못 받을 것 같아.'입니다. 그는 열등감을 숨기기 위해서 친구들과 노느라 결혼에 관심이 없는 척을 합니다. 잘생긴 친구들이 여자와 쉽게 어울리며 예쁜 여자와 잘 노는 여자만 찾듯이, 마티도 그런 척을 해요. 그래야 자존심이 안 다치잖아요. 여자를 쉽게 생각해야, 여자가 자신을 원하지 않아도 피장파장으로 덜 다치죠. 배고픈 여우가 높은 곳에 달려있어 먹지 못하는 포도를 보고 어차피 신포도라 못 먹을 거라며 방어기제를 사용하듯이 마틴에게 여자는 신 포도입니다. 속으론 간절히 원하지만 그런 척을 하지 말아야죠. 이렇듯 세계관의 질서를 결핍한 인물은 그것이 전혀 필요 없는 척을 하며 '신 포도 기제'를 보입니다.

두 이야기의 작가들은 '진정한 사랑을 찾는 것이 행복이다.'라는 메시지를 전하고 싶었기에, 멜빈과 마틴는 '사랑'을 결핍한 인물로 설정됐습니다. 그리고 이들의 열등감은 사랑을 결핍하게 만드는 성격과 외모에서 각각 나오죠.

아는 결핍+모르는 선택
=인물에 대한 호기심

우리는 이야기 속 주인공에게 대리만족을 느끼고 싶어 합니다. 그러려면 주인공이 공감할 만한 인물이어야 하겠죠. 그런데 멜빈의 강박증과 못된 말버릇이나 마틴의 우유부단함과 남에게 상처를 주는 어리석은 행동에는 공감이 어렵습니다. 현실에서 사람들은 대부분 이렇게 말하거나 행동하지 않기 때문입니다. 작가는 대체 왜 이렇게 공감하기 어려운 인물을 주인공으로 내세웠을까요? 심리학적으로 말하자면, 이들의 열등감이 방어기제로 드러나기 때문입니다. 간절히 원하는 것을 숨기기 위해 내면과는 정반대의 말과 행동을 하거나, 진짜 이유를 숨기기 위해 겉으로 다른 변명을 둘러댑니다.

이를 설명하기 전에 인간이 가진 '공감 능력'에 대해 먼저 짚고 넘어갈 부분이 있습니다. 인간은 자신과 같은 생각과 가치관을 가진 인물에게만 공감하지는 않는다는 사실입니다. 이야기 속 인물이 우리가 평소에 할 법한 말만 한다거나 예측 가능한 선택만 한다면, 적당한 인정은 받을지언정 지루하고 매력이 없다고 느껴질 겁니다. 너무 쉽게 얻는 공감은 그저 승인에 불과할 뿐입니다.

반면, 우리가 이해하지는 못해도 공감할 수 있는 매력적인 인물도 많습니다. 이 인물들의 공통점은 독자의 강렬한 호기심을 불러일으킨다는 겁니다. 심리적 기제는 간단합니다. 독자는 이야기 속 인물에게 대리만족하고 싶으므로 그의 행동과 선택에 최소한의 당위성이 있는지를 확인하려고 합니다. **왜 인물이 그런 선택을 했는지 이유를 알고자 합니다.** 인물에 대한 호기심이 커질수록 더욱 적극적으로 그의 행동을 이해하고 공감하려고 노력하게 되죠.

이때 역설적인 현상이 발생합니다. 처음에 이해가 어렵거나 심지어 반감까지 들었던 인물일수록 오히려 더 강한 호기심을 불러일으키고, 결과적으로 그 인물에 대해 더 깊이 이해하고 공감하려는 노력으로 이어진다는 겁니다. 게다가 이토록 어렵게 공감한 인물에게는 더 큰 애정을 느낍니다. 원래 인간이란 저절로 이뤄진 성취보다는 열심히 노력한 끝에 얻은 성취에 더 만족감을 느끼는 법이죠. 이와 마찬가지로 시간과 노력을 들여야 공감할 수 있는 인물일수록 독자는 더 깊이 공감하게 됩니다. 현실에서도 우리는 미지의 인간을 탐구하는 쪽에 더 끌립니다. MBTI가 왜 유행하겠어요. 저 사람은 나와 왜 이토록 다른지, 왜 이렇게 예측하기 어려운지를 알아내서 어떻게든 이해하여 잘 지내고 싶기 때문이겠죠. 다시 말해, 독자가 선뜻 이해하기 어려운 선택을 하는 인물일수록 더욱 깊이 분석하게 되고, 이 노력이 이야기를 더욱 흥미진진하게 느끼도록 만든다는 겁니다. 이것이 바로 독자의 기본적인 심리 메커니즘입니다.

    미국 드라마 〈브레이킹 배드〉 시리즈를 예로 들겠습니다. 선량한 교사였던 월터는 말기 암 판정을 받지만 가족에게 그 사실을 숨긴 채 몰래 마약을 제조해 팔기로 합니다. 우리처럼 평범한 사람들은 곧 죽는다는 사실을 가족에게 숨기는 것도, 마약을 만들겠다는 결정도 전혀 이해할 수 없습니다. 보통은 큰돈이 필요하다고 해도, 설령 마약을 제조할 능력이 있다고 해도 이런 선택을 하지는 않겠죠. 〈브레이킹 배드〉의 주인공 월터는 우리와 완전히 다른 사람입니다. 하지만 우리는 월터가 왜 이런 선택을 하는지 강렬한 호기심을 품고 그를 이해하려고 노력합니다. 주인공의 과거, 현재, 생각, 기분, 동기를 파악하려고 하고 그의 결핍과 열등감을 짐작합니다. 월터의 방어기제는 '가족을 위한 돈을 마련하기 위해서 내가 불법까지 저지르게 됐다.'라고 그의 행위를 정당화하지만, 그의 내면은 다음과 같은 진실을 품고 있습니다. '나는 원래 악당이었고, 나의 결핍이 악을 행하고 싶어 했다.' 우리는 그를 지지하지도 않고, 그의 선택들을 비난하면서도, 결국 그의 내면의 진실에 공감합니다. 그리고 이 이야기는 '가정적인 월터가 가족을 위해서 마약 범죄에 발을 들이지만 그래도 어떻게든 잘 해결하는 이야기'가 아니라, '악한 본성을 숨긴 인물이 가족과 죽음을 변명 삼아 치명적인 유혹에 빠져 몰락하는 이야기'였음을 알게 되죠.

호기심은 미지를 탐구하고자 하는 강력한 욕구입니다. 호기심이 드는 인물이 어떤 사건을 벌이면 왜 그랬는지 궁금해집니다. 그의 동기를 파악하고 싶어지죠. 호기심은 인물을 이해하게 만들고, 이야기에 몰입하게 합니다. 그가 시작한 일이 계획대로 진행되는지 호기심이 점점 커지면서 사건을 끝까지 따라가게 됩니다. 마침내 플롯이 절정에 이르렀을 때 그 인물을 더욱 깊이 이해할 수 있습니다.

독자의 공감을 유도하는
메커니즘

'인물에 대한 호기심'은 구체적으로 뭘 말할까요? 인물의 혈액형? 별자리? 외모? 성장 과정? 아침에 뭘 먹는지? 형제나 자매가 있는지? 결국 이 질문들을 관통하는 핵심은 결핍입니다. 즉, **인물에 대한 호기심이란 그 인물의 결핍에 공감하려는 강렬한 욕구**라고 할 수 있습니다. 그러므로 어떤 인물에게서 결핍을 감추려는 두려움과 거기서 비롯한 열등감이 어른거리고 있다는 사실을 눈치챌 때, 우리는 강력한 호기심과 더불어 공감과 지지의 감정을 느끼게 됩니다.

슬라이딩 숫자 퍼즐을 아시나요? 사각형의 보드 위에 놓인 플라스틱 숫자판들을 슬라이딩해서 순서대로 맞추는 놀이입니다. 4행 4열의 사각형 보드가 가장 흔하죠. 보드 크기를 보면 숫자판이 16개가 있어야 할 것 같은데, 실제로는 15개만 있습니다. 한 칸이 비어있습니다. 열여섯 칸이 꽉 차면 숫자판을 꼼짝할 수가 없으니까 당연한 일이죠. 빈칸이 있어야만 그곳을 향해 첫 숫자판을 밀어 움직인 뒤, 차례로 다른 숫자판들을 움직일 수 있습니다.

인물이 어떤 행동을 시작하는 이유는 빈칸, 즉 결핍이 있기 때문입니다. 결함, 허점, 약점, 열등감이 있기 때문이죠. 빈칸이 있기에 채우기를 욕망하고 행동하려는 동기가 생깁니다. 독자는 인물의 결핍이 어떤 종류인지 짐작하여 그에게 보낼 공감과 애정의 방향을 정합니다. 따라서 좋은 캐릭터란 인물의 과거사나 정체성이 짐작되고, 거기서 비롯한 결핍과 행동 동기가 무엇인지를 알고 싶어지는 인물이라고 할 수 있겠습니다.

"자네는 항상 냉소적이고 무관심한 연기만 할 뿐이야. 연기에 몰입하는 행위 따위는 마치 우습다는 것처럼 말이야. 왜인지 알아? 진짜 감정을 느끼고 드러내는 것이 두렵기 때문이야. 대체 왜 이런 얼음 공주가 된 거야? 무엇이 자네를 이렇게 쪼그라들게 만든 거야?"

"정말 그 이유를 알고 싶어요? 열두 살 때부터 사람들이 날 만져대기 시작했어요. 심지어 사촌도, 이복오빠도요. 거기서 내가 선택할 수 있는 건 두 가지뿐이었어요. 자살하거나, 아니면 아무 일도 없다는 듯이 입을 닥치거나. 살기 위해서 저는 아무런 감정을 느끼지 않아야 했어요! 이게 내 대답이에요. 이제 만족해요?"

미국의 코미디 드라마 〈코민스키 메소드〉 시리즈에 나오는 한 장면입니다. 연기 코치인 샌디 코민스키는 제자 다샤니가 1년이 넘도록 제대로 된 연기는커녕 센 척만 하자 상처를 주기로 작정한 듯 직설적으로 후벼 파죠. 늘 과장된 허세로 일관하던 다샤니가 드디어 폭발하며 과거사를 내뱉습니다. 이를 통해 시청자들은 다샤니가 보이는 태도의 기저에 깔린 원인을 깨닫고 그녀에게 관심을 갖게 됩니다.

우리는 '인간의 이야기'를 좋아합니다. 좀 더 정확하게는 '인간의 결핍에 관한 이야기'를 좋아한다고 할 수 있겠네요. 작가 본인이 미처 인식하지 못하더라도, 이야기 창작은 **'어떤 결핍을 어떻게 내 방식대로 다룰 것인가?'** 라는 질문에 답하는 과정과 비슷합니다. 그런데 이 결핍은 '아는 맛'이어야 합니다. 람보르기니를 탄 채 뉴욕 만다린 오리엔탈 호텔로 질주해 들어가 스위트룸에서 센트럴 파크를 내려다보며 돔페리뇽을 병째로 들이키면서, 네 번째 첩에게 싫은 소리 좀 들었다는 이유로 자존심이 상해 울부짖는 남성에게 몰입할 수 있는 사람은 별로 없겠죠.

- 어릴 때 사랑을 못 받았다.
- 주위로부터 인정받지 못한다.
- 돈이 없다.
- 성공하지 못했다.
- 단란한 가족을 이루고 싶다.
- 자유로운 생활을 꿈꾼다.
- 안전한 곳으로 도망치고 싶다.
- 독립하고 싶다.

이런 갈망들이 바로 우리가 아는 맛의 결핍입니다. 결핍에 공감하게 만들기 위해서 아는 맛이지만 조금 더 강하게, 좀 더 극적으로 설정될 뿐입니다. 인간이라면 누구나 안전한 장소에 대한 욕구에 공감하는데, 이야기 속 주인공은 내전 국가에서 태어납니다. 누구나 최소한의 인간적인 존중을 받길 원하는데, 이야기 속 주인공은 여성에 대한 차별이 극심하던 시대에 가난한 제주도 해녀의 딸로 태어납니다. 우리가 아는 결핍이 훨씬 강화된 형태이죠. 결핍이 짐작되는 주인공이라면 때로 그가 이해하기 어려운 선택을 하더라도 독자는 이미 공감할 준비가 돼있습니다.

주인공이 자꾸 어려운
선택을 하는 이유

여기서 또 하나 짚고 넘어갈 부분이 있습니다. 주인공은 '독자가 이해하기 어려운 선택'을 해나간다는 사실입니다. 주인공의 선택은 화가 나고, 안타깝고, 실망스럽고, 눈을 의심케 하고, 서글프고, 가엾고, 놀랍고, 경이롭고, 두렵고, 위대할 겁니다. 멜빈과 마틴이 잘 보이고 싶던 상대에게 끝내 상처를 주는 선택을 한 것처럼요. 찰스 디킨스의 소설 『두 도시 이야기』에서 시드니 카턴이 사랑하는 여자의 남편 대신 단두대에 오른 선택도 그렇고요. 아마 현실의 우리는 이들 같은 선택을 하지 않을 겁니다. 하지만 이들은 우리가 잘 아는 결핍을 가졌기에, 우리가 타당하다고 인정하는 결핍이기에, 심지어 우리가 겪은 것보다 더 깊고 아플 것으로 짐작되는 결핍이기에 이런 선택을 해도 이해할 만하다고 여기게 됩니다. 이야기 속 인물에게 공감한다는 일은 이런 것입니다.

클린트 이스트우드 감독의 영화 〈그랜 토리노〉(2008)를 볼까요. 한국 전쟁의 참전 용사인 주인공 월트는 항복하겠다던 소년병을 죽이고 훈장을 받은 과거를 후회하고 있습니다. 평생 잊지 못하는 기억이죠. 그는 누구와도 친하게 지내지 못하는 괴팍한 노인입니다. 행복하게 살 자격이 없기 때문입니다. 누구에게도 마음을 열지 못한 채 외롭고 완고하게 살아갑니다. 월트가 품은 내면의 어둠을 알아본 한 신부님이 고해를 통해 죄책감에서 해방되기를 권해도, 자신을 괴롭히는 그 사건에 대해서는 끝내 고해하지 않습니다. 작은 잘못 정도는 고해할 수 있지만, 평생 안고 가야 할 큰 잘못을 몇 마디 말로 용서받으려 든다면 자신의 간편한 타협이 더욱 간사하게 느껴져서 죄책감은 가중되고 그는 결국 붕괴할 겁니다.

사실 월트는 사람을 죽이고도 아무렇지 않게 살아갈 수 있는 부류가 아니었습니다. 한국 전쟁에서 많은 아시아인을 죽였던 그는 일부러 아시아인을 백인보다 못한 인종, 야만인으로 취급하고 경멸하는 척을 합니다. 죄책감보다 분노를 더 크게 유지해야만 무너지지 않을 수 있기 때문이죠. 그가 겨우 처음으로 마음을 열게 된 사람이 아시아인 소녀란 사실도 어찌 보면 당연합니다. 그런데 그 소녀가 갱들에게 폭행을 당하자 더는 외면할 수 없습니다. 이제는 누군가가 죽거나 다치는 모습을 외면하고 싶지 않습니다. 죄책감을 외면하기 위해 한

평생 고립된 삶을 선택했는데, 결국은 분노와 후회만 남았기 때문입니다.

타인의 목숨을 빼앗은 죄에 대해 용서받을 자격이 결핍된 월트가 진정으로 고해하는 방법은 타인을 위해 목숨을 바치는 것뿐입니다. 그래서 그는 갱들을 쏴 죽이는 대신 자신이 희생하기로 합니다. 이것이 그가 고해하는 방법입니다. 월트가 목숨을 희생하기로 할 때 우리는 당황합니다. 그의 결정을 이해하기가 어렵죠. 하지만 우리는 그의 간절한 결핍을 잘 알고 있습니다. '그때로 돌아갈 수 있다면 절대 그런 선택은 하지 않을 텐데.'라는 후회의 마음입니다. 또한 용서를 구하고 싶어 하는 마음입니다. 크든 작든 후회와 죄책감에 짓눌려 본 경험이 있는 우리는 월트의 선택을 전부 이해하기는 어려워도, 용서받을 자격에 대한 그의 결핍에는 공감할 수 있습니다.

여기까지 길게 설명했지만 핵심은 간단합니다. '공감과 호기심이 서로 시너지를 일으켜서 인물에게 몰입하게 만드는 순환구조'가 있다는 겁니다. 우리는 이해하기 어려운 선택을 하는 인물에게 호기심을 느낍니다. 그리고 그의 결핍이 우리가 아는 맛의 결핍이었음을 짐작하는 순간 공감을 시작하죠. 공감의 정서가 바탕에 깔리면, 인물이 어려운 선택을 해 나갈수록 두려움과 호기심이 더욱 커지면서 그의 선택이 옳았기를 간절히 바라게 되고, 최후에 그가 승리를 거둘 때 크나큰 대리만족을 느낍니다. 즉, '공감과 호기심이 생기는 인물'이란 우리가 아는 결핍을 가지고 우리가 모르는 선택을 하는 인물입니다.

그러나 공감을 유도하는 메커니즘을 잘못 이해하면 정반대의 이야기가 나오기도 합니다. 어떤 결핍을 가졌는지 짐작되지 않는 주인공이 누구나 할 법한 선택만 하는 거죠. 주인공에게 호기심이 생기지 않을뿐더러 그가 어려움을 겪어도 공감이 되지 않습니다. 결과적으로 이야기에서 재미를 느낄 수가 없습니다.

매체에 따른 경향성도 있습니다. 여과되지 않은 날것의 독자 반응을 매회 접해야 하는 웹툰과 웹소설에서는 독자의 용서를 받지 못할지도 모른다는 두려움이 더 강하기 때문에 주인공들이 더 안전하고, 더 옳고, 더 합리적인 선택을 하는 경향이 있습니다. '나는 이런 주인공 비호감이야.'라는 댓글이 지지받기 시작하면 작가로서는 신경이 안 쓰일 수 없습니다. 물론 독자들이 주인공을 칭찬하고 인정하고 승인하는 반응이나 독자 간 소통을 매회 실시간으로 보는 것이 이런 매체들의 재미이기는 합니다. 그런데 주인공의 선택이 상식선에 가까워지고, 주인공에게 결점이 적어지고 능력만 높아지면 매력이 자꾸만 반감됩니다. 특히 웹소설에서 웹툰으로 각색되는 등 다른 매체로 재탄생할 때 이런 문제가 두드러지죠. 촌스러울 정도로 회상 신을 많이 넣어가며 고통스러운 과거를 아무리 강조해서 보여줘도, 주인공이 평범한 선택을 하고 예의 바른 대사를 치는 순간 그저 보통 사람으로 보일 뿐입니다. 그 결과 주인공에게서 호기심이 사라지게 됩니다.

7강

캐릭터:
결핍 버튼을 누르면
이야기가 시작된다

'진주는 상처를 어떻게든 끌어안고 버텨낸 존재의 결과물이다.' 결핍을 가진 캐릭터를 한 문장으로 표현한다면 저는 이렇게 말하고 싶습니다. 조개가 자신을 상처 입히는 이물질을 진주층으로 감싸는 행위를 적게는 수백 회에서, 많게는 수천 회까지 반복한 끝에 탄생하는 것이 진주잖아요. 죽을 때까지 한평생 아프게 만들며 절대 사라지지 않는 큰 상처가 인간의 마음속에도 박혀있습니다. "내 나이가 지금 일흔인데 여섯 살 때 어머니가 하신 말씀이 도저히 잊히지를 않아요." 이런 말을 하게 만드는 상처가 있는 겁니다.

**상처를 감싸려는
노력의 결과물**

　　　　　　인간을 괴롭히는 상처는 특정한 캐릭터를 형성합니다. 타인의 단점은 별로 신경 쓰이지 않지만 내 상처는 유독 수치스럽죠. 그것을 숨기기 위해, 그것이 자신을 계속 다치게 하지 않기 위해, 그것을 타인에게 약점으로 이용당하지 않기 위해, 그것 때문에 매력을 잃지 않기 위해, 인간은 상처를 감싸고 연막을 치고 완충장치를 둡니다. 결핍을 안고 살아가기 위해 분투합니다. 그렇게 상처를 감싼 노력의 총체가 인간의 캐릭터입니다.

　캐릭터는 핵심 상처, 즉 결핍을 극복하려는 과정에서 형성되는 독특한 패턴입니다. 진주는 진주조개의 캐릭터이죠. 이야기 속 인물의 독특한 캐릭터도 그의 핵심 상처에서 비롯합니다. 사랑에 대해 열등감을 품는다면, 사랑의 색깔을 띤 진주가 만들어집니다. 인정에 대한 열등감을 품는다면, 인정의 색깔을 띤 진주가 만들어지고요. 특정한 부분에 빈칸이 있다면, 거기에 채워 넣은 것들이 바로 캐릭터의 재료가 됩니다. 따라서 결핍은 인간의 아름다운 핵심이자, 다른 캐릭터로 거듭나지 못하게끔 원점으로 잡아당겨 돌아오게 만드는 블랙홀이며 덫이라 할 수 있습니다. 때로는 자신의 배신자이자 화해해야 할 적이며, 자기 안의 심연이자 맞춤형 지옥이기도 합니다.

결핍이 자극되면서 주인공의 이야기가 본격적으로 시작합니다. 복수, 분노, 오기, 집념, 욕망 등을 점화하는 장치가 외부 세계에서 날아와 등장인물에게 충돌하면 그는 비로소 주인공이 됩니다. '버튼 눌린다.' '스위치 내려간다.' '긁힌다.' 현실에서도 이런 표현을 쓰는 일들이 있죠? 단순히 화가 나거나 상처를 입는 정도가 아니라, 내면의 결핍을 자극하여 깊은 수치심이나 맹렬한 욕망을 들끓게 만들고 집요한 오기를 불러일으키는 상황이 있습니다. 바로 다음과 같은 것들이 '버튼'입니다.

- 유독 어떤 이야기를 들으면 화를 못 참겠다. 혹은 갑자기 우울해지거나 눈물이 난다.
- 웬만해서는 웃으며 넘길 수 있는데, 유독 못 견디는 상황이 있다.
- 특정한 상황에 부닥치면 비슷한 과거 경험들이 한꺼번에 떠오른다. 하나만도 힘든데, 수많은 경험이 한꺼번에 덮쳐서 냉정하고 이성적으로 대처하기가 힘들다.

인간의 마음속에는 여전히 피를 흘리고 있는, 그래서 누가 조금만 건드려도 후벼파는 듯한 고통이 느껴지는 상처가 있습니다. 굴절된 욕망, 오랜 좌절, 정신적 외상, 깊은 상처가 고통을 점화하는 버튼을 만듭니다. 낫지 않는 상처를 누르는 버튼이기에 더 격렬하게 반응하죠. 진주조개처럼 결핍을 싸고 숨겨도 계속 상처는 남아있습니다. 하지만 누가 상처를 건드려도 아무렇지 않은 척을 하려고 합니다. 열등감을 들키고 싶지 않으니까요. 그래서 인간에게는 자신의 버튼과는 정반대처럼 보이려고 하는 경향이 있습니다.

이런 경향을 이해하면, 인물의 행동이나 말투로 그의 열등감을 헤아릴 수 있습니다. 여러 층위로 겹겹이 둘러싸인 캐릭터를 해석하는 기본이기도 하고요. 이야기 속 인물에게도 버튼이 있습니다. 무난한 인간관계를 위해, 또는 겉으로 드러내 봐야 자신만 힘들어서 인물은 그 버튼을 감추려고 하죠.

그래서 "어휴, 쟤 또 외제 차 샀냐? 사치하는 인간들 진짜 이해가 안 돼."라고 말하는 인물이 일확천금을 노리고 매주 로또를 삽니다. 이런 대사를 치는 인물이야말로 돈의 유혹에 약한 법이죠. "왜 하필 나한테 임무를 준 거야? 그늘에서 낮잠이나 자다가 제대하고 싶은데."라고 말하는 인물에게는 전생에서 전우가 죽어가는 참상을 본 트라우마가 있습니다. 그리고 그는 나중에 그 트라우마를 이겨내기 위해 목숨을 걸고 임무를 수행합니다. 이런 설정 속에서 독자들은 인물의 결핍이란 구멍에 빨려듭니다.

　이야기 속 인물은 내면의 버튼이 자신을 더는 아프게 하지 않도록, 적어도 인생에 후회를 남기지 않도록 스스로 성장하며 결핍을 극복합니다. 그 분투의 여정이 바로 '플롯'입니다. 다음 강의에서는 플롯에 관해 설명하겠습니다.

8강

플롯: 변화가 극적일수록 매혹적이다

플롯은 인물에게 결핍된 해답을 찾아가는 풀이 과정입니다. 결핍을 메우기 위해 인물은 그 과정에서 성장해야 하죠. 결핍의 대상은 인물이 완벽한 해답을 구하면 보상으로 주어지기도 하고, 풀이 과정에서 저절로 해소되기도 합니다. 성장이 그의 상처를 낫게 했기 때문이죠. 그래서 플롯 초기와 후기의 인물상에는 변화가 있습니다. 인물의 이런 변화를 그래프로 그린다면, 그래프의 기울기가 가파를수록 이야기가 흥미로워집니다. 나중에 인류를 위해 희생하는 인물이라면, 처음에 전혀 그럴만한 인물상이 아닌 편이 더 극적이고 재밌습니다.

**차마 짐작하지 못한
선택**

기타노 다케시 감독의 영화 〈기쿠지로의 여름〉(1999)을 봅시다. 아홉 살 소년 마사오는 멀리 떨어져 사는 엄마를 찾아서 여행길에 오릅니다. 동네 건달 기쿠지로는 아내의 강요로 어쩔 수 없이 마사오의 여정에 동행하지만, 아이의 여비를 빼앗아 경륜장과 룸살롱에 가고 술을 마셔서 탕진해 버립니다. 그는 룸살롱에 아이를 데려갈 정도로 형편없는 인물입니다. 하지만 마사오가 엄마를 찾는 일을 진심으로 돕게 되고, 결국 엄마를 포기하게 된 소년이 작가의 메시지를 받아들이며 성장통을 겪을 때 그 곁을 지키는 어른이 돼줍니다.

다른 예도 있습니다. 클라이맥스에서 아시아인 소녀를 위해 목숨을 바치는 인물이 있다고 합시다. 처음에 그가 인종차별주의자에, 성차별주의자로 매우 보수적인 백인 남자였다면 클라이맥스가 더 극적일 겁니다. 앞에서 살펴봤던 〈그랜토리노〉의 주인공 월트가 이런 인물이죠. 월트는 개인주의적 성격이나 인종차별적 가치관을 조금도 개선할 의지가 없습니다. 그러나 우여곡절 끝에 친해진 옆집의 아시아인 소녀가 갱들에게 성폭행을 당하자 자신의 목숨을 바쳐서 소녀의 가족을 구합니다. 이렇듯 클라이맥스에서 위대한 일을 하는 인물일수록 처음에 정반대의 상태에 있는 편이 좋습니다.

플롯은 인물의
행동 궤적

그런데 만약 처음부터 성격이 그리 나쁘지 않은 인물이라면 어떤 이야기가 가능할까요? 어리석거나 이기적이거나 비뚤어진 인물이 아니라 처음부터 좋은 성격을 가진 인물이 주인공이라면요? 이런 이야기는 '인물의 성장 그래프'보다 '사건의 변화 그래프'에 집중합니다. 그래서 인물의 결핍이나 열등감에 별로 주목하지 않습니다. 사건 그 자체의 변화만으로도 충분히 흥미로운 이야기가 되니까요. 마찬가지로 극적인 효과가 있는 이유는 '인물'과 '플롯'이 결국 하나로 이어지기 때문입니다. 플롯은 인물의 행동 궤적이니까요.

이런 이야기에서는 특별한 열등감도 없이 평범해 보이는 인물이 '사건의 변화 그래프'의 가파른 움직임을 따라 급격하게 변화합니다. 밀어닥치는 사건들이 인물을 끌고 가고, 인물 역시 포기하지 않으면서 사건과 함께 성장해 갑니다. 그에게 주어진 목표는 처음에 누구나 해낼 수 있을 듯 쉽고 간단해 보이지만, 시간이 지날수록 그 어떤 위인도 감당하기 어려울 정도로 까마득하게 느껴집니다. 그래서 처음에 인물이 목표와 다소 거리를 두고 심드렁하게 시작하는 이야기도 있습니다. 그러나 플롯이 진행되는 중에 인물이 목표에 점점 진심이 되고, 아무리 어려워도 끝내 포기하지 않고 해낸다면, '사건의 변화 그래프'의 기울기는 더 가팔라지고 감동도 배가 됩니다.

어쩌다 묻어가듯이 시작한 일인데 벼랑 끝에 몰려도 포기하지 않는다고요? 데이미언 셔젤 감독의 영화 〈위플래쉬〉(2014)가 그렇습니다. 위대한 드러머가 되고 싶은 소년 앤드류가 폭력과 모욕, 인신공격으로 학생을 한계까지 밀어붙이는 플레처 교수에게 인정받을 만한 실력을 갖출 때까지 포기하지 않는 내용의 영화입니다. 플레처 교수의 가혹행위에 대해 '이런 교육법은 문제가 있다.'라면서 왈가왈부하는 의견도 있지만, 구조주의적 세계관을 가진 이야기에서 이런 사회학적 분석은 상대적으로 덜 중요합니다. 여기서 우리는 플레처 교수를 불러들인 것이 바로 앤드류의 블랙홀 같은 결핍이라는 사실에 주목해야 합니다. 이 소년이 결핍이라는 피 냄새를 흘려 상어 같은 교수를 유인하고 자신의 삶에 얽히게 만드는 겁니다.

"사람들의 기억에서 지워진 채 아흔까지 사느니 서른넷에 술에 찌들어 파산해 죽더라도 저녁 식사 자리에서 사람들이 내 얘기를 하는 게 나아요." 이런 말을 하는 사람이라면 플레처 교수가 없었더라도 스스로 악당이 되고도 남았을 겁니다. 플레처 교수는 앤드류의 결핍이 기다려 온 이상적 악당입니다. 그를 망치러 온 구원자입니다. 앤드류가 변화하기 위해 거쳐가야 하는 시련의 총체가 바로 플레처 교수입니다.

결국 앤드류는 플레처 교수를 이용하여 자신의 한계를 뛰어넘습니다. 앤드류의 아버지는 아들이 음악 때문에 망가질지도 모른다는 파국적 엔딩을 예감하며 어두운 표정을 짓지만, 우리는 앤드류가 플레처 교수의 말도 안 되는 방해를 견디고 펼치는 마지막 공연에서 숨 막히는 감동을 받습니다. 지독한 증오라도 음악의 정점에 오를 원동력이 된다면, 둘은 기꺼이 서로에 대한 증오를 발판 삼아 아무도 도달하지 못한 경지에 올라서려 합니다.

소행성 충돌과
주인공의 탄생

샘 멘데스 감독의 영화 〈1917〉(2020)도 비슷합니다. 1차 세계대전이 한창이던 때, 영국군 병사 윌은 다른 부대에 가서 '독일군이 함정을 파놓았으니 공격을 중지하라.'라는 명령을 전달하는 임무를 맡습니다. 원래 이 임무를 맡은 사람은 윌의 친구 블레이크입니다. 공격을 준비 중인 부대에 블레이크의 친형이 있기도 했거든요. '아무나 한 명'을 데려가라는 말에 블레이크는 옆에서 낮잠을 자던 윌을 깨워서 함께 길을 떠납니다. 블레이크는 자신이 안 가면 형이 위험해지기 때문에 임무를 수행할 정서적 동기도 충분합니다. 물론, 자다 깬 윌은 아니죠.

하지만 도중에 블레이크가 죽으면서 이 임무는 윌 혼자만의 것이 됩니다. 윌은 부상을 입으면서, 참호에서 폭탄이 터져 기절하면서, 익사할 뻔하면서, 굶주린 갓난아이를 돌보던 가여운 여인이 두고 가지 말라고 애원하고 붙잡아도, 임무를 위해 최선을 다하며 앞으로 나아갑니다. 원래부터 덤으로 낀 임무였고 중간에 포기할 수도 있었지만, 윌의 사명감은 '시키니까 해야지.'에서 '반드시 해내야 한다.'로 변화합니다. 어처구니없을 정도로 어려운 일들이 눈앞에서 일어나는데도 꺾이지 않고 일어나고 또 일어나는 주인공의 변화는 관객의 마음에서 감동을 끌어냅니다. 만약 주인공이 윌이 아니고 블레이크였다면 어땠을까요? 주인공의 동기는 좀 더 쉽게 마련할 수 있었겠지만, 이렇게까지 먹먹한 감동을 주진 못했을 겁니다.

그런데 윌에게도 결핍이 있을까요? 그에게서 결핍이나 열등감은 좀처럼 보이지 않습니다. '사건의 변화 그래프'가 극을 끌고 가는 작품이니까요. 윌은 꼬인 곳 없이 적당히 성격이 좋고 경험도 많고 유능한 인상입니다. 오히려 안정적인 인물이죠. 하지만 작품 속에 힌트가 있습니다. 윌은 전투 경험이 적잖은 베테랑 군인이라는 정보가 나옵니다. 끔찍하다고 소문난 전투에 관해 누군가가 물어보면, 윌은 기억이 잘 안 난다고 대답합니다. '끔찍했다. 어려웠다. 힘들었다.' 이 정도의 간단한 대답조차도 거부합니다. 그는 죽음의 참상을 목도했고 그 기억을 회피하고 있습니다.

초반에 윌은 자기를 왜 임무에 끌어들였는지 투덜거리면서 전쟁으로부터 거리를 두고 마치 남 일처럼 행동합니다. 하지만 선량하고 밝은 동료 블레이크가 도중에 적군의 목숨까지 구하려고 하다가 절명하자, 그는 진심으로 임무를 받아들이기 시작합니다. 눈앞의 전쟁을 받아들이고 어떻게든 임무를 완수하려고 분투하며 다시 한번 군인이 됩니다. 무슨 일이 있더라도 목표 부대에 도착해서 공격을 막아 블레이크의 형을 구하고 블레이크의 죽음을 알리고자 합니다. 블레이크의 사망은 죽음을 회피하던 그에게 다가와 충돌한 소행성이었습니다. 윌은 그 순간 주인공으로 거듭납니다.

감동을 증폭하는
인물의 성장기

이번에는 웹툰 작품을 살펴보겠습니다. 이윤창 작가의 웹툰 〈좀비가 되어버린 나의 딸〉은 애니메이션으로도 만들어진 유명한 작품입니다. 주인공 이정환은 여고생 수아의 아버지입니다. 아내 없이 혼자서 딸을 키우죠. 고등학생 자식을 둔 학부모라기에는 좀 젊어 보이지만, 수아에게 정성을 다하는 좋은 아버지입니다. 그렇게 애지중지하던 수아가 좀비가 됐을 때, 정환은 딸을 숨겨서 보호하죠. 좀비 사태는 국가적 위기이므로 정환의 행동은 정서적으로는 공감이 가지만 사회적으로는 지탄을 받을 수 있습니다. 다른 사람들도 정환만큼 가족을 사랑했지만, 좀비가 된 가족을 공동체를 위하여 눈물로 포기하고 국가의 통제를 따랐어요. 그렇기에 정환은 이야기의 법칙상 대가를 치러야 합니다. 공동체의 위기를 조장했기 때문에 목숨으로 대가를 치러야겠죠. 실제로 엔딩에서 정환은 자신의 목숨을 바쳐 딸을 살리는 선택을 합니다.

이런 지극한 부성애를 보이는 인물이 어떤 캐릭터일 때 더 감동적일까요? 사랑하는 아내가 죽어가며 '우리 딸을 잘 부탁해.'라고 했기에 그 말을 지키려는 남자는 어떤가요? 자신에게 딸이 있는 줄도 몰랐던 개차반인데, 고등학생 때 사귀었던 여자 친구로부터 편지 한 장과 함께 딸을 떠맡은 남자는요? 좀비 사태로 딸이 죽은 뒤 마음이 망가져, 딸의 또래인 여자아이에게는 절대로 정을 주지 못하게 된 남자도 있습니다. 이 캐릭터는 게임 〈더 라스트 오브 어스〉의 주인공 조엘이네요. 일이 가장 중요해서 늘 가족을 뒷전으로 미루다가 이혼을 앞두고 있었지만 좀비 사태가 터진 뒤 자신의 삶을 후회하는 남자도 있습니다. 그는 잘못을 바로잡을 기회가 바로 지금뿐임을 깨닫죠. 이 캐릭터는 연상호 감독의 영화 〈부산행〉(2016)의 주인공 서석우네요.

〈좀비가 되어버린 나의 딸〉에서는 수아가 정환의 친딸이 아니었다는 설정을 택합니다. 정환은 심지어 결혼한 적도 없어요. 수아는 죽은 누나의 딸입니다. 그런데도 정환은 수아를 맡은 뒤 어떤 어려움이 닥쳐도 딸을 포기하지 않습니다. 이런 설정을 알고 나니 정환의 이야기가 더 절절하게 느껴지지 않나요?

지금까지 살펴본 작품들을 통해 확인했듯이, 플롯은 단순한 사건의 나열이 아닌 인물의 내적 여정을 보여주는 지도입니다. '인물의 성장 그래프'가 얼마나 가파르든, '사건의 변화 그래프'가 얼마나 극적이든, 시작과 엔딩 사이에 인물의 변화가 도드라질수록 이야기는 더 큰 감동과 울림을 줍니다. 인물의 여정은 결핍에서 시작하여 그것의 충족이나 해소로 끝납니다. 우리 삶과 마찬가지로, 이야기의 세계에서도 진정한 변화는 인물이 도전을 만나서 그것을 어떻게 극복하느냐에 달려있습니다.

9강

명대사:
살아있는 대사에
빠지지 않는 것

좋은 대사는 길이길이 살아남아 작품과 캐릭터의 생명을 계속해서 연장합니다. 대사는 그만큼 중요하고 몹시 어렵죠. 플롯을 진행하고 정보를 전달하는 기본적인 역할도 하지만, 동시에 캐릭터를 드러내야 하는 막중한 임무를 지고 있기 때문입니다. 대사에 배경 정보를 넣으려다가 캐릭터가 깨지는 일은 매우 흔합니다. 원래는 진중한 인물이 상황을 설명하느라 수다쟁이가 된 경우를 생각해 보세요. 망설임이 없는 냉혈한이 상대방을 죽이기 전에 사연이나 트릭을 주절주절 늘어놓으면 모양이 빠집니다.

반대로, 캐릭터를 너무 의식하면 대사를 못 쓰게 되기도 합니다. 과묵한 캐릭터를 표현하려면 어떻게 해야 할까요? 캐릭터가 말을 자꾸 속으로 삼키다 보니, 한 신이 끝날 때까지 말 한 마디를 못 하네요. 어떤 대사를 줘도 이 친구가 말하기에는 조금 가벼워 보입니다. 대사 없이 캐릭터의 기분이나 생각, 감정을 이해시킬 방법이 있을까요? 희곡이라면 지문이 있고, 시나리오라면 행동과 연출로 표현하면 되지만, 그 어떤 것도 대사만큼 강력한 무기가 되진 못할 것 같네요.

도대체 대사를 어떻게 써야 할까요? 플롯을 진행하면서 정보를 전달하고 캐릭터도 드러내는 과제를 동시에 다 해내는 대사가 정말 가능한가요? 캐릭터에 빙의해서 리얼리티가 있는 대사를 쓰는 정도로는 부족할까요? 이제 대사 쓰기가 얼마나 어려운 작업인지 감이 왔으리라 생각합니다.

특히 명대사는 이야기의 완성도를 크게 좌우합니다. 그렇다고 캐릭터가 아무 때나 명언을 내뱉으면 명대사가 될 수 있을까요? 독자들에게 많은 사랑을 받는 명언 스타일의 명대사를 몇 개 볼게요.

"포기하면 그 순간이 바로 시합 종료예요."

— 이노우에 다케히코, 『슬램덩크』

"도망쳐서 도착한 곳에 낙원이란 있을 수 없는 거야."

- 미우라 켄타로, 『베르세르크』

"사람이 언제 죽는다고 생각하냐? 심장이 총알에 뚫렸을 때? 아니. 불치의 병에 걸렸을 때? 아니. 맹독 버섯 스프를 마셨을 때? 아니야!!! 사람들에게서 잊혔을 때다!!!!"

- 오다 에이치로, 『원피스』

이런 명대사들은 작중에서 이야기를 쌓고 쌓아서 그 끝에 한 마디를 찍은 화룡점정畫龍點睛입니다. 아무 때나 냅다 명언을 쏟아붓는다고 멋진 캐릭터가 되지는 않아요. 그러다가는 얄팍한 훈장질로 끝날 가능성이 더 큽니다. 명언 스타일로 일침을 놓는다고 무조건 좋은 캐릭터가 될까요? 먼저 그 껍데기 안에 그럴싸한 인간이 들어있는지 확인해 보세요. 한 줄 요약, 일침, 명언 자판기 같은 캐릭터는 진정한 캐릭터라기보다 자막 역할에 가까운 '장치'로 전락해 버리기 십상입니다.

리얼한 대사와
클리셰 사이

　　　　　　심금을 울리는 명대사들을 들여다보면, 인물이 가진 결핍의 그림자가 드리워진 경우가 많습니다. 인간은 예측이 어려운 존재입니다. 투명한 물속을 들여다보듯이 인간의 내면과 행동을 모두 예측하는 일은 불가능합니다. 이런 건 하렘물●에서나 가능합니다. 하렘물의 공략 대상은 인간이라기보다 트로피에 가깝죠. 공감이 어려운 결핍을 가진 인물이 뻔히 예측되는 대사를 치면 납작한 종이 인형처럼 느껴집니다. 자판기에서 콜라 버튼을 누르니 콜라가 나오는 시시한 광경을 지켜보라고 하는 셈이죠.

"너 왜 이래? 이러는 거 너답지 않아."

"나다운 게 뭔데?"

"너 원래 이런 애 아니었잖아."

"나 원래 이랬어!"

● 한 남자가 여자들에게 둘러싸여 생활하는 만화나 애니메이션 장르입니다. 하렘물에서는 수많은 여자 캐릭터가 주인공에게 이성적 호감을 품습니다.

이 대화에서는 전혀 실감이 느껴지지 않습니다. '이야기 속 리얼리티'는 현실보다 더 현실 같아야 합니다. 이런 대화를 볼 바에는 술자리에서 친구의 하소연을 듣는 편이 더 실감이 나겠어요. 뭐하러 굳이 책을 읽고 넷플릭스를 보겠습니까? 너답지 않다는 선언은 그냥 비난입니다. 하던 대로 하라는 강요죠. 나다운 게 뭐냐고 되묻는 대사도 이야기 전개와 상관없긴 마찬가지입니다. 물론 현실에서 연인 간의 싸움이 이런 식일 때가 꽤 있기는 합니다. 핵심 문제는 외면한 채 짐승처럼 서로를 물고 뜯고 할퀴죠. 이야기에서 이런 싸움은 둘 사이의 갈등을 증폭하는 장치이긴 합니다만, 대사에 사려가 전혀 들어있지 않기에 인물들의 매력을 크게 떨어뜨립니다.

인간의 깊이를 얕보거나, 현실의 아무 의미 없는 대화들을 리얼리티라고 착각하여 가져오면 이처럼 클리셰로 점철된 대사가 나옵니다. 등장인물들을 내가 예측하지 못하는 세계를 가진 잘 모르는 타인이라고 생각하지 않기 때문에, 어디서 들은 듯한 말을 이들이 반복하게 만드는 겁니다. 다시 말하지만, 창작에서의 현실감이란 진짜 현실보다 더 치밀해야 하며, 등장인물은 현실의 인간과 달리 세계관의 당위성과 플롯의 개연성에서 벗어난 쓸데없는 말을 해서는 안 됩니다.

결핍을 가진 인물이 명대사를 친다

유력한 귀족 가문에서 태어났지만 신장이 평균보다 덜 자라는 왜소증을 가진 탓에 아버지에게 미움을 받는 인물이 있습니다. 그는 자신을 증명하기 위해 평생에 걸쳐 노력하지만 결국 살인 누명을 쓰고 재판장에 섭니다. 심지어 누명은 아버지가 씌운 셈이나 마찬가지입니다. 아들의 쓸모가 끝났기에 죽여서 치우려는 거죠. 아버지는 이 아들을 낳다가 아내가 죽었고, 왜소증이 괴물의 증거라고 생각하기 때문에 그를 단 한 번도 아껴주지 않았습니다. 아버지의 사랑, 가족의 인정, 외모 등 모든 것이 결핍된 이 인물의 정체는 〈왕좌의 게임〉에 나오는 티리온 라니스터입니다.

티리온은 평소에 자신만만하고, 유머러스하고, 남에게 관대한 캐릭터입니다. 천박하게 굴 때도 있지만, 약자에게 동정심을 가지며, 비상한 머리로 많은 문제를 풀어내죠. 그래서 우리는 그가 원래부터 신체의 결함 따위는 신경도 안 쓰고, 아버지의 사랑이라는 결핍 따위는 이미 다 극복한 캐릭터로 여겼습니다. 그런데 그가 재판장에서 이런 대사를 읊습니다.

티리온 네, 아버지. 저는 유죄입니다. 유죄요. 이것이 당신이 듣고 싶은 말이 아닙니까?

타이윈 왕을 독살한 것을 시인하는가?

티리온 거기에 대해 저는 무고합니다. 제 죄는 더욱 크고 끔찍한 죄입니다. 저는 난쟁이로 태어나는 죄를 지었습니다.

타이윈 너는 난쟁이라서 재판을 받는 게 아니다.

티리온 아뇨, 맞습니다. 저는 그 죄로 평생에 걸쳐 재판을 받아왔습니다.

사람들이 이를 명대사라고 생각하는 이유는, 티리온이 오랫동안 숨겨온 자신의 결핍을 드디어 드러냈기 때문입니다. 평소에 가볍게 행동하거나, 언제나 자신만만하거나, 감정이 없는 듯 무자비한 캐릭터가 마음 깊은 곳에 숨겨뒀던 감정을 솔직하게 드러내는 대사를 내뱉을 때 보는 이의 마음도 따라서 움직입니다. 티리온의 대사를 하나 더 보겠습니다.

티리온 내가 평민으로 태어났다면 숲에 버려져 죽었겠지. 하지만 라니스터에서 태어났기에 나에게 기대가 주어졌어. 형에게 검이 있듯이 나에게는 지식이 있지. 검에 숫돌이 필요하듯이 지식에는 책이 필요해. 그게 내가 책을 읽는 이유야.

왜 책을 읽느냐는 질문에 티리온은 '책을 읽으면 지식이 느니까.'라는 뻔한 대답을 내놓지 않습니다. 이 대사는 티리온의 어떤 결핍을 드러내나요? 티리온은 자신이 평민이었다면 왜소증을 갖고 태어났다는 이유로 바로 버려졌으리라는 사실을 잘 압니다. 라니스터라는 거대 가문에서 태어났기에 맡아야 할 임무가 있었고 그 덕분에 간신히 목숨을 건졌다는 사실도요. 하지만 그는 죽음의 위협으로부터 완전히 벗어난 게 아닙니다. 그의 생명줄은 조금씩 연장되고 있을 뿐이에요. 라니스터라는 이름이 짊어져야 하는 기대를 한 번이라도 배반한다면 바로 버려질 겁니다. 기사인 형은 검으로 라니스터의 일원임을 증명하고 있습니다. 하지만 티리온은 그럴 수 없죠. 지식 외에는 가질 수 있는 무기가 없기 때문에 '살아남기 위해서' 책을 읽습니다. 그러므로 이 대사에 티리온의 결핍이 담긴 겁니다. 그가 비상한 전략가가 된 이유는 살아남기 위해서 노력한 결과였다는 거죠. 아버지에게 사랑받지 못하는 자식이라 목숨조차 안전하지 못하다는 그의 결핍이 잘 드러나는 명대사입니다.

악당에게도 공감하게 만드는 대사의 힘

맷이라는 경찰이 살해당하는데, 정황상 마약 사범에게 몰래 뇌물을 받다가 일어난 사건처럼 보입니다. 그의 아내 스테이시는 진실을 알고 싶어 합니다. 남편이 진짜 부패한 경찰이었는지, 그래서 마약 조직과 사이가 틀어져 살해당했는지 궁금합니다. 똑같이 경찰 출신이었던 아버지 마이크는 동료 경찰 펜스키와 호프먼이 아들 맷을 살해했다는 사실을 알아냅니다. 그리고 그들에게 복수한 뒤 며느리 스테이시에게 모든 것을 고백합니다.

마이크 맷은 부패하지 않았다. 부패한 건 나였지. 그 관할구의 모두가 그런 식이었어. 동료를 팔면, 자기도 망하는 거야. 그러니 그냥 동참하는 거지.

스테이시 그리고 아버님도 동참했군요.

마이크 그랬어. 그래, 그랬지.

스테이시 하지만 맷은 안 그랬다고 했잖아요.

마이크 그래. 맷은 아니었어. 펜스키가 일찍부터 호프먼을 끌어들였지. 갱단에서 뇌물을 받았을 거야. 일종의 보호 비용이었지. 호프먼은 매티한테도 가서 같이 받자고 했어. 그게 공평하잖아? 그들은 파트너였으니까. 그리고 맷은 네 짐작대로 행동했어. 처음에는 고민했지. 그리고 나를 찾아왔어. 감찰부에 가서 옳은 일을 하고, 그들을 멈추고 싶다고 했지.

스테이시 맙소사, 그러도록 뒀어요? 그들을 배신하려고 해서 죽은 거예요?

마이크 아니, 아냐. 난 맷한테도 말했어. 경찰이 가장 두려워하는 게 뭔지 알아? 총에 맞는 일보다 더 두려운 게? 감옥이야. 자신이 잡아넣은 모든 놈들과 함께 감옥에 갇히는 거. 경찰한테 그런 협박을 하면 위험해지지. 나는 그런 이치를 얘기해 줬어. 아무도 다치지 않을 거라고. 하지만 감찰부에 가거나 그럴 기미가 보인다면……. 그 애는 아내와 아이, 책임질 것들이 있었지. 돈을 받아서 좋은 일에 쓰라고 했어. 나도 노력했어. 노력했지. 하지만 듣지 않더군. 내 아들은 고집이 셌어. 내 아들은 강했지. 그러다 죽을 게 뻔했어. 그래서 나도 그랬다고 말했어. 나도 호프먼처럼 적당히 받았다고 말이야. 그게 그날 밤 네가 들은 소리야. 그 녀석이 버티면서 소리 지르고 발버둥 치는 걸 내가 말렸지. 그 애는 날 우러러봤었어. 나는 그런 애에게 내가 다른 놈들처럼 쓰레기라는 걸 보여줘야 했지. 내 아들은 무너졌어. 내가 내 아들을 무너뜨렸어. 그 애는 호프먼에게 가서 돈을 받았지만 망설였지. 옳은 일을 할 것처럼 보인다는 건, 그놈들에게는 그 애를 확실히 믿을 수 없다는 의미였다. 나는 매티가 돈을 받게 했어. 그리고 놈들은 이틀 뒤 그 애를 죽였지. 그 애는 내가 아는 가장 강인한 사람이었어. 설령 자기 목숨이 위험해도 그 애는 절대 그런 짓을 하지 않았을 거야. 내가 유일했어. 나만이 유일하게 그 애가 그런 나쁜 짓을 하게 만들 수 있었다고. 그게 아무 소용이 없었지. 내가 그 애를 타락시켰어. 나 같은 사람으로 만들었어. 그런데도 그 자식들은 그 애를 죽였지.

스테이시 호프먼과 펜스키, 만약 그들이 매티를 죽였다면, 누가 그 둘을 죽인 거죠? 아버님? 무슨 일이 있었어요?

마이크 무슨 일이 있었는지 너도 알잖니. 문제는…… 넌 이걸 받아들일 수 있겠니?

미국 드라마 〈베터 콜 사울〉에 나오는 대화입니다. 마이크가 왜 경찰을 은퇴하고 사람을 살해하는 악당이 됐는지, 그의 선택에 깔린 후회와 죄책감, 복수심이 무엇이었는지를 알려주는 대사들이죠. 내 정의로운 아들이 어차피 죽을 거였다면 그의 긍지라도 지켜줬어야 했는데, 자신이 그 긍지를 무너뜨렸던 일을 아버지는 후회하고 있습니다. 아버지를 존경해서 똑같이 경찰이 된 아들의 마음을 부숴버린 것, 그것도 아버지를 향한 사랑을 이용해서 아들의 긍지를 무너뜨린 데 대한 죄책감을 짊어지고 자신을 용서하지 못한 채 살아야 하는 것이 이 캐릭터의 결핍입니다.

지위를 빼앗는 대사들

이번에는 여러 명이 말싸움하는 상황을 가정해 보겠습니다. 상대적으로 결핍이 적은 인물은 실수하거나 오해를 알아차리면 쿨하게 인정하고 사과합니다. 하지만 결핍이 많은 인물은 그렇지 않죠. 논리에서 밀리더라도 깔끔하게 승복하며 사과하거나 잊지 않습니다. 졌다고 생각하면서도 주제를 돌려가며 산만한 변명으로 버티거나, 자신의 주장은 옳지만 그저 말주변이 부족해서 싸움에서 졌을 뿐이라며 분해합니다.

여러분도 예전에 겪었던 말싸움을 한번 떠올려 보세요. 예측하지 못한 공격이 들어옵니다. 바로 포기를 선언합니까? 아니면 반격할 부분을 찾습니까? 이야기 속 인물들도 똑같습니다. 설령 본인이 틀린 것 같더라도, 상대방의 허점을 계속 탐색하며 자신이 틀리지 않았을 가능성을 찾습니다. 이런 인물들이 맞붙는 것이 '이야기 속 대화'입니다. 인물들은 서로 지지 않으려고 기싸움을 벌이면서 힘겨루기를 합니다. 이를 '지위 거래'라고 합니다. 상대가 선점한 지위를 빼앗으려고 하는 것이죠. 영국의 정신분석가 윌프레드 비온의 저서 『집단에서의 경험』에 나오는 대화를 조금 각색해서 여기에 소개합니다.

X 부인 지난주에 영화관에서 줄을 서다가 갑자기 어지러워서 기절할 뻔했지 뭐예요.
→ 공황장애를 암시하며, 이런 경험을 한 자신이 위로받아야 한다는 지위를 선점했습니다.

Y 부인 아휴, 너무 힘들었겠어요. 지금은 좀 괜찮아요? 그래도 기절하지는 않았다니 정말 다행이네요. 저도 예전에 똑같은 일이 있었는데, 그때 진짜로 기절해서 구급대가 왔다니까요.
→ X 부인이 짜놓은 설계대로 위로하는 척하면서 그녀의 지위를 빼앗아 왔습니다.

Z 부인 정말요? 그거 혹시 공황 아니에요? 아이고, 두 분 다

진짜 힘들었겠어요. 얼마나 힘들었을지 짐작도 안 되네요. 전 도무지 영화관 같은 곳을 갈 여유가 없어서 그런 경험은 못 해봤네요.

→ 역시 판에 맞춰주는 척하면서, 두 부인보다 훨씬 더 나쁜 처지의 자신이 가장 위로를 받을 자격이 있음을 어필하며 위로받을 지위를 빼앗아 왔습니다.

바로 이것이 지위를 빼앗는 대사들입니다. 기싸움 중이라면 상대보다 우위를 차지해야겠죠. 그래서 대사에 무시나 비아냥이 들어가기도 합니다. 마치 탁구에서 예측이 어려운 곳으로 서브를 넣는 것처럼 서로 대사를 칩니다. 상대를 격침할 수 있는 한마디를 찾아내려고 머리를 굴립니다. 뭔가를 얻어내려고 하거나 결핍을 가진 인물은 액면 그대로의 대사는 잘 치지 않습니다. 누구에게도 지지 않기 위해 지위를 빼앗으려고 하거나, 분명한 목적을 갖고 남의 지위 아래로 일부러 들어가고는 합니다.

백화점 매장에 손님이 한 명 들어온 상황이라고 해봅시다. 손님은 점원이 입은 옷과 똑같은 제품을 요구해서 입어보는 중입니다.

손님 내가 요즘 살이 쪄서 그런가? 나한테는 안 어울리는 것 같네요.

점원 이 옷은 원래 몸에 라인이 없고 체형이 밋밋한 분들의 단점을 커버하는 스타일이거든요. 그런 분들이 좀 글래머러스하게 보이려고 입는 옷이에요.

점원은 일부러 자신의 지위를 손님보다 낮춰서 대화에 들어갔습니다. 글래머러스한 몸이 더 좋은 가치인 것처럼 판을 짜면서 손님의 체형이 문제가 아님을 강조하고 다른 옷을 사도록 유도하고 있습니다.

반대로, 이번에는 지위를 쉽게 빼앗기지 않는 대사를 살펴보겠습니다. 천커신 감독의 영화 〈첨밀밀〉(1996)을 보면, 술과 담배를 즐기던 고모가 갑자기 병약해집니다. 주인공 소군은 고모에게 병원에 가봤냐고 묻죠. 고모는 자신이 오래 살지 못한다는 사실을 이미 알고 있습니다. 그렇다고 해서 '내가 얼마나 더 살겠다고 병원에 가. 가봤자 이미 늦었어.'라고 정직하게 대답하면 소군을 괴롭게 만들겠죠. '병원에는 안 가도 돼.'라든가, 한국 드라마식으로 '아이고, 우리 조카님. 고모가 잊지 않고 꼭 병원에 갈게!'라고 고분고분 대답하면 이 인물의 거친 매력이 반감됩니다. 그래서 고모는 이렇게 대꾸합니다. "의사들은 다 사기꾼이야. 가봐야 노상 담배 끊고 술 마시지 말라고 하지. 그런데 담배 끊고 술 안 마실 거면 의사가 왜 필요해?" 고모는 병원에 가라는 조카의 말에 물러서지 않습니다.

예를 하나 더 들어보겠습니다. 전쟁 중이라고 칩시다. 우리 편과 저쪽 편 병사들이 마구 얽혀 있어요. 이때 왕이 궁수를 준비시키라고 합니다. 화살을 쏟아부을 생각이죠. 이에 놀란 부하는 "그럼 우리 편 병사들도 같이 죽게 될 텐데요?"라고 반문합니다. 왕도 이미 알아요. 그러나 여기다 대고 "나도 알아. 아는데 시키는 거야."라며 고분고분 대답하면 지는 겁니다. 자칫하다간 부하를 설득하느라 시간을 한참 써야 할 수도 있어요. 미국 드라마 〈마르코 폴로〉에서 쿠빌라이 칸은 부하의 질문을 받고 상대방이 예측하지 못할 곳으로 서브를 넣었습니다.

"하지만 적도 다 죽게 되지."

결핍을 가진 인물은 거짓말을 한다

결핍이나 열등감을 감추려고 거짓말을

하는 인물도 있습니다. '모든 인물은 거짓말을 할 수 있다.'라는 사실을 많은 작가 지망생이 놓치곤 합니다. 꼭 계략을 짜는 인물이 아니더라도 상황이나 진실, 속마음과는 반대로 말할 때가 있죠. 〈첨밀밀〉에서 중국 본토 출신의 소군은 홍콩으로 이주한 뒤 열악한 환경에서 살아갑니다. 소군의 방은 백열전구가 달려있고 더러운 세면대가 붙어있는 것으로 보아 주방이나 화장실을 개조한 공간 같습니다. 다른 방들과 구분도 불분명해서 소군이 자고 있는데 여자들이 함부로 들어와 세면대에 토하는 일도 있죠. 소군은 비가 오는 날 자전거를 타고 갖은 고생을 하며 배달 일을 하기도 합니다. 삶이 고달파 보이는 소군의 영상 위로 여자 친구에게 보내는 편지 형식의 내레이션이 흘러나옵니다.

소정, 난 운이 참 좋아. 전기도 들어오고(백열전구지만), 화장실도 딸려있고(더러운 주방 세면대 하나지만), 독방이야(아무 때나 남이 들어와 토하지만). 그리고 좋은 일자리도 바로 구했어(비를 맞으며 배달해야 하지만). 내가 당 간부보다 많이 벌걸?

진실과 반대로 말함으로써, 소군의 사려 깊은 성격과 희

비극이 뒤섞인 상황을 동시에 살리는 연출이 됩니다. 또한, 이 상황을 비참하게 여기지 않으려고 버티는 주인공의 내면도 드러나죠.

은유를 아는 인물에게는
깊이가 있다

직접적으로만 말하는 인물은 기계장치처럼 건조하게 느껴집니다. 현실에서 인간은 자신의 삶과 상황을 고찰하며 은유적으로 말할 때가 있죠. 이야기 속에서 은유와 비유, 중의를 담아서 말하는 인물은 단순하지 않고 깊이가 있어 보입니다. 물론 현실의 인간은 입에서 나오는 대로 말을 내뱉는 경우가 더 많다고 하더라도요.

폭력과 살인이 가업인 가문에서 나고 자라서 이런 것들이 일상인 남자가 있다고 합시다. 그의 가문은 정계에까지 큰 영향력을 미칩니다. 즉, 너무 커버린 조직폭력배 가문이죠. 이 인물은 어떤 식으로 말할까요? 흔히 조폭이라고 하면 육두문자를 쏟아내고, 유흥업소에 가서 방탕한 생활을 일삼는 모습으로 표현되기 일쑤지만 과연 이게 전부일까요? 내면은 야만스럽고 폭력적이지만, 겉으로는 귀족 사회의 일원처럼 보이는 인물은 어떨까요? 목소리를 높이지 않고 침착한 말투로 우아한 단어를 내뱉는데 그 말이 암시하는 내용이 무시무시하다면요? 이 인물이 누군가에게 계약서를 내밀면서 강제로 사인하게 하는 상황을 가정해 봅시다.

"사인을 안 해? 너 내가 누군지 모르냐? 나 불광동 연탄재야."

"에헤 싸장님, 그 뭐, 계약서 내용은 자세히 읽으실 거 없고. 거 뭐, 싸장님 딸내미 있잖애. 이번에 뭐더라 충의여고 들어갔다매? 이쁜데 공부도 잘하는구먼. 영재여, 영재."

이런 식으로 건들건들 허세를 부리며 상대를 협박하는 대사가 가장 먼저 떠오를 겁니다. 다음 대사는 어떨까요?

"당신의 잉크든 피든, 둘 중 하나는 이 계약서에 칠해지겠지. 어느 쪽이든 난 상관없으니, 선택은 당신이 해."

침착한 말투로 이렇게 말하면 어떻게 느껴지나요? 더 간접적으로도 말할 수도 있습니다.

"거절할 수 없는 제안을 하지."

프랜시스 포드 코폴라 감독의 전설적 영화 〈대부〉에 나오는 대사입니다. 상대의 목숨을 위협하는 매우 잔인한 협박을 간접적으로 표현하여 더욱 서늘하고 두렵게 연출된 이 대사는 영화사에서 길이길이 회자되는 명대사의 반열에 올랐습니다. 이처럼 은유를 섞은 암시적인 대사일수록 더 깊은 매력을 품습니다.

또다른 장면입니다. 여자가 남자에게 "사랑해."라고 말하는 대신, 같이 호랑이를 보러 가자고 합니다. 그리고 호랑이 앞에 서서 무서워하며, 남자의 손을 꼭 잡고서는 이렇게 말합니다.

"좋아하는 남자가 생기면 제일 무서운 걸 보고 싶었어. 그런 남자가 안 생기면 호랑이는 평생 못 봐도 상관없다고 생각했는데, 이렇게 보게 되네. 고마워하라고."

살면서 피하고 싶은 일이나 맞닥뜨리기 무서운 일이라도, 좋아하는 남자와 함께라면 마주할 수 있을 듯합니다. 비록 언젠가 끝날 감정이라고 할지라도, 한번 제대로 경험해 봤던 사랑의 힘이 인생의 시련에 맞설 용기를 준다는 암시가 담긴 대사입니다. 여기서 말미에 그냥 "고마워."라고 했다면 감동이 덜했을지도 모릅니다. 그러나 여자는 끝내 자존심을 세우면서 '나한테 고마워하라고. 내가 너한테 좋아한다고 말한 거나 다름없잖아.'라는 의미의 대사를 덧붙입니다. 이누도 잇신 감독의 영화 〈조제, 호랑이 그리고 물고기들〉(2003)은 신체장애가 있는 조제와 대학생 쓰네오의 사랑 이야기입니다. 영화 속에서 조제가 말하는 "고마워하라고."라는 대사는 건방지기보다 오히려 당당한 자존감의 표현으로 읽힙니다. 인물의 감정을 전달하면서 캐릭터까지 잘 살아있는 좋은 대사죠.

진지함을 회피하는
말꼬리 잡기의 묘미

대사를 유머러스하게 만들어도 캐릭터가 살아납니다. 전체 맥락에서 별로 중요하지 않은 사소한 부분에 대해 인물들이 진지하게 꼬투리를 잡을 때 우리는 인간적 재미를 느낍니다. 〈왕좌의 게임〉에 나오는 대사를 하나 더 보겠습니다. 에이미라는 소녀가 아버지가 살해당한 상황을 설명하고 있습니다.

"아버지는 도적들이 요구한 몸값을 냈지만, 그놈들이 아버지를 나무에 걸어버렸어요."

여기에 에이미의 어머니는 어떤 식으로 말을 더할까요?

"목을 매달았다고 해야지, 에이미. 네 아버지가 벽걸이 시계는 아니잖니."

에이미의 어머니는 남편이 억울하게 죽었다는 핵심 정보보다 딸의 단어 사용을 꼬투리 잡아서 유머를 만들어냈습니다. 이런 대사는 진지한 분위기를 피하려는 인간의 회피 본능과 연결됩니다. 그녀는 남편이 억울하게 죽어서 매우 원통한 상황이지만, 주저앉아서 하소연하지 않고 삶을 살아나가는 인물로 그려집니다.

〈왕좌의 게임〉에 나오는 대사를 약간 손봐서 하나 더 소개하겠습니다. 한 인물이 죽음의 위기에 처했고, 다른 인물이 그를 구하려는 상황입니다.

"왜 나 따위를 구하려고 어리석은 협상을 합니까? 나랑 같이 개죽음을 당할 생각입니까?"

여기서 상대가 "나만 믿어라."라고 답하면 과하게 무거운 분위기가 됩니다. "너를 내 목숨만큼 중요하게 생각해." "너만 죽게 내버려둘 생각은 없어." 이런 대사들은 너무 진지하고 직접적이고 촌스럽습니다. 실제로는 자기 목숨을 걸고 협상하는 상황이지만, '나한테 괜찮은 계획이 있다.' 정도의 뉘앙스로 농담을 하는 편이 더 나을 때도 있죠. 감정과 생각을 직접적으로 드러내기보다 간접적으로 표현하는 유머를 날리면 현명하고 대범한 캐릭터가 더 효과적으로 살아납니다.

"자네 목숨만큼 하찮은 게 있겠나? 조용히 하고 기다리게."

'너 따위'의 하찮은 목숨을 굳이 구할 정도로 확실하고 안전한 방법이 있다며 안심시키는 대사입니다. 자신의 목숨을 걸고서 살리겠다는 진심을 직접적으로 드러내는 대신, 별로 중요하지 않은 내용에 대해 말꼬리를 잡는 겁니다. '네 목숨은 내가 희생할 만큼 중요하지 않아.'라고 말이죠.

결국, 대사는 '인물의 영혼을 담는 그릇'이라고 할 수 있습니다. 직접적인 표현보다는 은유와 암시, 말꼬리 잡기와 유머, 거짓말, 그리고 인물의 결핍과 열등감이 포함된 대사가 더 마음 깊이 파고들며 명대사로 기억되는 경우가 많죠. 캐릭터가 가진 깊이, 감추고 싶은 상처, 그리고 그것을 극복하려는 몸부림이 대사를 통해 드러날 때, 우리는 그를 플롯 위에 놓인 말이 아닌, 살아 숨 쉬는 한 인간으로 받아들이게 됩니다.

10강   메시지:
작가는 세계관의
질서로 말한다

세계관의 질서를 결정하는
작가의 메시지

      이야기 속 세계관에는 신화적 질서가 필요합니다. 세계관이란 작가가 전달하려는 메시지가 핵심 보상으로 존재하는 곳입니다. 여기에는 작가의 메시지가 실현되는 방법, 최후에 얻는 보상에 관한 규칙 등도 설계돼 있습니다. 세계관 안에서 작가의 메시지를 확인하려고 행동하는 플레이어도 있어야겠죠. 플레이어는 반드시 그 메시지가 결핍된 상태여야 하고, 규칙을 지키며 게임을 해야 합니다.
  '모든 인간은 효도해야 한다.'라는 작가의 메시지가 있다고 해봅시다. 작가는 '효의 완성'이 최고의 질서가 되는 세계관을 만들었습니다. 이곳에는 '효를 행하면 복을 받는다.'라는 규칙이 존재하죠. 심청이라는 인물은 이 세계관의 질서와 규칙에 종속돼 있습니다. 그녀는 공부나 사랑, 출세가 아니라 오로지 효도를 목적으로 움직이므로 주인공의 자격을 갖추고 있습니다. 이 세계관에서 벌어지는 사건들은 효에 대한 심청의 각오를 시험합니다. 수양딸 제안이나 인당수에 바치는 인신 제물 이벤트가 그렇죠. 이야기 속 시련과 관문은 모두 '효성 검사'입니다. 어떤 함정 문항이 나오더라도 효를 행하는 답을 고르는 것이 플레이 규칙입니다.

 결국 심청은 효를 행하기 위해 돌이킬 수 없는 결단을 내립니다. 아버지에 대한 사랑으로 움직인 결과 마지막에 복을 받습니다. 그 복이란 인류 구원, 학업 성취, 진정한 사랑 같은 것이 아닙니다. 아버지가 눈을 뜨고, 아버지와 다시 만나고, 아버지에게 최고의 사윗감을 보여주고, 부녀가 호강하며 사는 일입니다. 심청이 일단 황제와 결혼은 했지만, 그를 사랑하는지는 이 세계관의 관심사가 아닙니다. 그저 아버지가 가장 기뻐할 만한 최고의 사윗감이 황제라는 사실이 중요할 뿐입니다.

 절절한 사랑 이야기를 쓰고 싶은 작가가 있다고 합시다.

작가의 메시지가 '사랑이야말로 가장 소중하다.'인 세계관에서는 '사랑의 완성'이 핵심 질서가 됩니다. 그리고 이 질서가 주인공이 품은 결핍의 원인이 됩니다. 주인공이 행동을 개시하는 가장 강력한 동기는 현재 자신이 이 질서에 부합하지 못한 상태이기 때문입니다. 이런 식으로, 사랑이 결핍된 인물은 로맨스 세계의 주인공이 되고, 안전이 결핍된 인물은 재난 세계의 주인공이 되고, 수수께끼가 결핍된 주인공은 계몽이 필요한 세계의 주인공이 되고, 부가 결핍된 인물은 자본주의 세계의 주인공이 됩니다.

세계관의 질서를 담은
아포리즘

세계관의 질서를 성취하기 위한 플레이 규칙이 따로 존재합니다. 주인공이 시련 속에서도 규칙을 지키면 질서를 성취하고, 시련에 굴복하여 규칙을 어기면 질서를 성취하지 못합니다. **따라서 세계관의 질서를 '규칙과 보상' 형태의 아포리즘으로 표현하면, 작가의 메시지는 더욱 명확해집니다.** 로맨스 세계관의 질서는 '진정한 사랑을 만나면 어떤 관문도 뛰어넘어 마침내 행복해진다.'라는 규칙과 보상의 아포리즘으로 표현됩니다. 진정한 사랑을 만나서 관문을 통과하는 규칙을 수행하면, 사랑을 이루고 행복해지는 보상을 받는 식입니다.

아포리즘이 꼭 날카로운 통찰이나 무릎을 칠 만한 명언 형태일 필요는 없습니다. 그저 규칙과 보상 형태이면 됩니다. 작가의 메시지가 '권선징악'인 세계관에서는 이런 아포리즘들이 등장합니다. '선인은 복을 받고 악인은 벌을 받는다.' '선량한 마음을 지키며 고난을 이겨내면 재물을 얻는다.' '희망을 버리지 않는 사람들이 기적을 만들어 낸다.'

추리물의 질서는 '유능한 탐정이 세계의 합리성을 흐리는 수수께끼를 풀어낸다.'가 됩니다. 아무리 괴이쩍은 일이 생겨도 탐정이 미신에 빠지지 않고 합리적이며 이성적인 추리를 해낸다면, 수수께끼는 반드시 풀리고 몽매한 사회는 한 발짝 더 계몽됩니다. '집요한 경찰이 범인을 잡는다.' '날카로운 탐정 앞에 완전범죄란 불가능하다.' 이런 식의 아포리즘이 추리물에 나옵니다.

다른 장르의 아포리즘은 어떨까요? 호러물의 아포리즘이라면 '금기를 깨면 해를 입는다.'가 되겠죠. 성장물이나 희생물의 아포리즘은 '고통 끝에 성장한다.', '죽음을 극복하면 세계를 구한다.'가 됩니다. 무협물이라면 '의협심이 있는 무가가 최강의 자리를 차지한다.'가 될 것이고요. 능력주의 신화를 배경으로 하는 작품들은 다음과 같은 아포리즘을 갖고 있습니다. '남들보다 배로 더 노력하면 명문대를 간다.' '능력을 발휘하면 정당한 보상을 받는다.' '운이 좋은 인간이 노력까지 하면 세계관 최강자가 될 수 있다.'

작가가 보여주고 싶은 메시지는 세계관의 핵심 질서를 이루며, '규칙과 보상'이라는 형태로 표현됩니다. 세계관의 질서는 인물과 사건 모두에 영향을 끼쳐야 합니다. 작가의 뚜렷한 의도가 있을 때를 제외하고는 결코 인물과 사건이 이 질서를 벗어나서는 안 됩니다. 질서를 벗어나는 순간 이야기의 당위성이 깨지기 때문입니다. 인간은 고대 그리스 시절부터 이 사실을 알고 있었습니다. 당시 연극에 사용됐던 '데우스 엑스 마키나deus ex machina'는 막다른 상황에 몰린 인물 앞에 갑작스레 절대자나 해결책이 등장하는 무대 기법입니다. 시인 호라티우스는 '문제를 해결하기 위해 신을 등장시켜서는 안 된다.'라고 하면서 이야기의 당위성과 개연성을 해치는 일을 경계했습니다.

세계관은 이야기가 펼쳐지는 무대의 범위이며, 작가가 설정한 허위의 구조입니다. 주인공이 강렬한 의지와 욕망을 갖고 행동하는 것 자체가 작가가 설계한 구조의 영향이죠. 주인공은 그 구조를 따라가며 필연적인 엔딩을 봅니다. 반면, 현실 세계의 인간은 구조에 잠식되어 주체성을 잃고 의지대로 선택하지도 못합니다. 이 와중에 '선택에 대한 책임은 모두 자기 몫'이라는 채찍질 속에서 불안에 시달리기까지 합니다. '신을 믿고 회개하면 천국에 간다.'라든가, '효도하면 복을 받는다.' 같은 아포리즘적 신화에 매달려 보지만 별 효과는 없죠. 모든 인간과 사건에 예외 없이 적용되는 질서가 있다면 물리법칙 같은 것일 뿐입니다. 그런데도 인류는 이야기의 세계에서 끊임없이 당위성을 추구했고, 작가의 메시지가 하나의 신화적 질서로 작동하는 세계관을 만들어 왔습니다. 비록 그 질서는 거짓 신화일 테지만, 이야기의 세계에서만큼은 유일한 절대 진리가 됩니다.

무엇이든 메시지가 될 수 있다

작가의 메시지가 신화적 질서를 이룬다고 하니, 왠지 교훈적이고 훌륭한 메시지가 있어야만 좋은 이야기가 될 것 같습니다. 정말 그럴까요? 이건 학교에서 교훈적인 글만 상대하다가 생긴 편견입니다. 모든 글에서 교훈적

주제를 찾아내는 훈련을 받은 영향일 수도 있고요. 한국 문학계에는 탐미적 문학의 흐름이 옅다 보니, 학교 수업에서 현실 참여, 계몽주의, 민족주의와 같은 선전의 의지가 가득한 문학을 중심으로 학습하는 게 보통이죠.

사실, 무엇이든 메시지가 될 수 있습니다. 꼭 교훈적인 내용만이 아니라 오락적 가치뿐인 메시지도 상관없습니다. 자본주의적 가치로 점철된 메시지도 가능합니다. 작가의 메시지가 반드시 도덕률을 따라야 한다는 건 이야기에 관한 잘못된 생각입니다. 인간이 가진 밑바닥의 결핍부터 사회적인 결핍까지 모든 메시지가 가능합니다.

옛날부터 인간은 결핍을 추구하는 이야기를 좋아해 왔다고 앞에서 말했습니다. 이야기 소재로서 전통적으로 인기 있는 결핍은 '정당한 지위, 또는 존재에 대한 인정과 존경'입니다. 부왕에게 버려져 정당한 지위를 박탈당한 공주가 있다고 합시다. 공주는 위독한 부왕을 위해 생명수를 구하러 저승으로 모험을 떠납니다. 그리고 마침내 아버지를 살리고 이승과 저승을 연결하는 신이 됩니다. 아버지보다 더 위대해졌어요. 아버지의 인정을 넘어서 자신이 그 위의 존재가 돼버렸죠˚. 한국 무당의 기원이 된 설화 「바리데기 공주」는 '성품과 출신, 자격을 갖춘 인물이 고된 시련까지 이겨내면 세상을 구원하는 더욱 위대한 지위에 오른다.'라는 아포리즘을 따릅니다. 바리데기 공주는 정당한 지위와 아버지의 인정을 결핍한 인물이었지만 이를 스스로 쟁취합니다.

그리스 로마 신화에 나오는 테살리아의 왕자 이아손은 왕위를 되찾기 위해 수많은 시련을 겪습니다. 헤라 여신의 가호와 유능한 아내 메데이아의 헌신적인 뒷받침으로 여러 관문을 통과하고 황금 양털을 구하는 임무에 성공하죠. 정당한 지위를 잠시 빼앗겼더라도 그에 걸맞은 자격을 갖춘 영웅은 관문을 통과하게 마련입니다. 영국의 전설 아서왕 이야기에서 왕자 아서는 신분을 모른 채 기사의 손에서 자랍니다. 그러나 엑스칼리버를 뽑음으로써 자신이 선왕의 정당한 후계자임을 증명한 뒤 브리튼 지역을 통일해 왕국을 세웁니다. 〈라이온 킹〉의 주인공 심바는 왕자 자리에서 쫓겨났지만, 어른이 되어 무리로 돌아와 부왕을 죽인 삼촌에게 복수하고 정당한 왕위를 되찾습니다.

『성경』의 「창세기」에 나오는 요셉은 형들에게 미움을 받아 이집트에 노예로 팔려 갑니다. 그러나 자신의 능력과 기

- 이는 웹소설의 전형적인 전개이기도 합니다. 웹소설은 인류가 좋아하는 이야기를 좀 더 명확하고 직설적인 언어와 구조로 보여줍니다.

지를 최대한 발휘하여 이집트 대신의 자리에 오르고 그리운 아버지를 다시 만납니다. 형들에게 복수까지 하고 가족 중에서 가장 성공합니다. 자세히 보면 요셉은 사람들을 고통스럽게 한 흉년을 성공의 기회로 삼은 인물입니다. 굶주린 이집트 농민들의 땅을 헐값에 사들여 국가에 귀속시키고 왕의 총애를 받아 출세하죠. 하지만 그가 하나님을 믿고 시련을 이겨냈기 때문에 필연적인 보상을 받은 존경할 만한 인물로 그려집니다.

보세요. 반드시 주인공이 도덕적으로 흠결이 없는 완벽한 인물일 필요도 없고, 이야기의 주제가 딱히 교훈적일 필요도 없다니까요. 주인공은 이야기 속 세계의 질서를 잘 따르면 되고, 그 질서는 무엇이든 괜찮습니다. '역시 왕가의 혈통은 보통 사람과 달라.' '아무래도 적자가 왕위를 이어야지.' '아버지(하나님)가 제일 사랑하는 자식이 출세하지.' 이야기의 세계에서는 이런 주제들도 가능합니다.

장르물 독자들이 원하는 것

이제 우리는 장르명만 봐도 주인공이 어

떤 메시지를 결핍했을지 예측할 수 있습니다. 로맨스물이라면 사랑이, 버디물이라면 친구가, 모험물이라면 용기가 결핍됐을 겁니다. 무협물이라면 힘과 의협심이, 재벌물이나 코인물이라면 돈이, 미스터리물이라면 추리력이 결핍됐겠죠. 뚜렷한 세계관과 작법을 가진 장르물은 그만큼 원하는 것이 뚜렷한 독자들을 전제로 합니다.

독자들에게는 뚜렷하게 원하는 메뉴가 있고, 그 메뉴를 만드는 레시피가 따로 존재합니다. 장르물의 기본은 레시피에 따라 만든 메뉴를 독자들에게 제공하는 것이죠. 그래서 장르물은 진입장벽 없이 누구나 즐길 수 있는 대중문학이라기보다, 정해진 규칙이 있는 보드게임에 가깝다고 할 수 있습니다. 장르물에서 작가와 독자의 관계는 규칙을 숙지한 상태에서 보드게임을 함께 즐기는 사람들 사이와 비슷하기 때문입니다.

다시 말해 장르물은 '무언가를 뚜렷이 원하는 사람들'을 전제로 만들어집니다. 어떤 결핍을 채우는 이야기에 자신이 가장 만족하는지를 뚜렷이 아는 독자들이 선택하죠. 장르물의 독자들은 주인공이 노력 끝에 작가의 메시지를 찾아내 결핍을 해소하는 이야기를 보며 대리만족합니다. 따라서 주인공이 추구하는 가치관과 세계관의 질서, 작가의 메시지를 통해 거꾸로 독자가 가진 결핍이 무엇인지 알 수도 있습니다. 권력자의 부패에 지친 사람들은 정의로운 판사가 주인공으로 나오는 법정물에 열광합니다. 능력주의, 엘리트주의에 지친 사회에서는 따뜻한 의사가 주인공으로 나오는 의학물이 인기를 끕니다. 현대 자본주의 사회에 염증을 느끼는 사람들은 인간미가 살아있는 주인공이 나오는 복고풍 휴먼드라마를 찾습니다.

세계관 설정을 그냥 너른 세상을 만드는 일로 오해하면 '세계관 오타쿠'가 돼버리고 맙니다. **세계관은 작가의 메시지를 전달하기 위한 질서가 작동하는 시공간입니다.** 작가가 신앙이 제일 중요하다고 생각한다면, 그 세계관에는 선하고 전능한 신이 세계의 모든 것을 주관한다는 질서가 필요합니다. 신을 믿으면 천국에 간다는 규칙이 있을 테죠. 이런 세계관을 가진 이야기에서는 신앙이 결핍된 주인공이 등장하여 그 결핍과 관련된 관문들을 통과할 겁니다. '함정에 빠지지 않고 신앙을 지켜내야 엔딩에 이른다.'라는 규칙대로 문제를 풀어낸 주인공은 세계관에 설정된 질서에 따라 마침내 천국에 가게 됩니다.

『성경』의 「사도행전」에 나오는 바울은 신앙이 결핍된 인물이었습니다. 그러나 기독교인들을 박해하던 바울은 마침내 이 세계관에 설정된 메시지를 이해합니다. 그는 사도가 되어 고해하고 전도하라는 규칙을 따릅니다. 이제 그가 순교해도 해피엔딩에 이를 자격이 됩니다. '돌아온 탕아'나 '목자가 잃어버린 새끼 양' 같은 비유를 떠올려 보세요. 세계관에 설정된 메시지를 모르던 인물이 마침내 깨닫는 이야기 구조에는 이토록 강렬한 매력이 있습니다.

11강

시련:
주인공을 위한
맞춤형 관문을 창조하라

'인간'이라는 실뭉치에서 '플롯'이라는 실이 뽑혀 나와 '이야기'가 만들어진다고 합시다. 그 실로 짠 천이 '세계관'이 되겠죠. 그러므로 이야기를 거슬러 올라가면 세계관과 플롯의 진정한 주인을 찾을 수 있습니다.

세계관을 만들면서 신화와 역사만 잔뜩 써 내려가기만 해서는 이야기가 될 수 없습니다. 아직 주인이 등장하지 않았기 때문입니다. 이야기란 주인공이라는 실뭉치를 씨실과 날실로 펼쳐서는 세계관과 플롯으로 지어놓은 것입니다. 따라서 다음 질문을 던지면 세계관과 플롯의 주인을 찾을 수 있습니다. '이 이야기에서 가장 고통받는 자는 누구인가?'

세계관과 플롯의
주인을 찾아서

꿈마다 그것을 꾸는 주인이 있듯이 세계관에도 주인이 있습니다. 바로 '주인공'입니다. 독자들은 세계관이 내주는 문제들을 주인공이 해결하는 모습을 보고 싶어 합니다. 먼치킨[*] 주인공이 한 방에 시원하게 해결하든, 뛰어난 두뇌를 가진 주인공이 때로는 역공까지 해가며 교묘하게 해결하든, 육체파 주인공이 여기저기 뛰어다니고 진흙탕을 구르며 해결하든, 어떻게 해서라도 문제를 해결하기를 바랍니다.

문제는 까다로울수록 좋습니다. 그것은 절대적으로 어려운 과제일 수도 있지만, 다른 사람에게는 평범한데 주인공에게만 특별할 수도 있습니다. 따라서 이야기의 주인은 그 문제를 유난히 어려워하거나, 그 문제로 존재감이 특별히 부각되는 인물일 겁니다. 유독 주인공이 고통받는 이유는 이 세계관의 신화를 결핍한 인물이기 때문입니다. 그러므로 주인공이 맞닥뜨리는 문제들은 그를 위한 맞춤형 관문이 됩니다.

● 비현실적으로 강력한 능력을 지닌 캐릭터를 지칭하는 용어입니다. 먼치킨물에서는 주인공이 웬만한 시련을 쉽게 넘어버리는데, 독자들은 그것 자체를 즐기기도 하죠. 일본 작가 ONE의 웹툰 〈원펀맨〉이 대표적인 먼치킨물입니다.

로맨스물에 등장하는
단골 관문들

로맨스물의 주인공들을 생각해 봅시다. 왜 사랑이 주제인 작품들에서는 수월하지 않은 상대를 만나게 될까요? 왜 로맨스물의 기본 공식은 혐오관계 즉, 혐관일까요? 왜 부모들이 주인공들 사이를 극렬하게 반대할까요? 왜 주인공의 출생에 비밀이 있을까요? 로맨스물에서 흔히 등장하는 관문을 여기에 몇 가지 소개하겠습니다.

첫 번째, 환경이 관문인 로맨스물입니다. 주인공들이 서로 한눈에 반했어요. 떨어지면 한시도 못 살 것 같아요. 그런데 신분이나 경제적 격차가 있든가, 가문끼리 앙숙이든가, 동성애가 금기인 사회에서 동성 사이라든가, 나이 차이가 너무 크든가, 불륜 관계이든가, 외계인과 지구인 관계처럼 서로 종種이 다릅니다. 지나친 장거리 연애 상황이어도 그렇죠. 그냥 장거리도 아니고 우주적 거리라고 해봅시다. 주인공이 우주여행 중 사고가 나서 시공간이 틀어졌습니다. 그래서 우주 어딘가에서 연인에게 고작 편지 몇 통을 보낸 사이에 지구에서 몇십 년이 흘러버립니다. 김보영 작가의 SF 로맨스 소설 『당신을 기다리고 있어』와 『당신에게 가고 있어』가 바로 이런 설정이죠. 또한, 주인공 둘은 너무나 사랑하는데 주변의 친구나 가족이 계속 방해하는 경우가 있습니다. 윌리엄 셰익스피어의 희곡 〈로미오와 줄리엣〉이 대표적이죠. 셀린 시아마 감독의 영화 〈타오르는 여인의 초상〉(2019)은 시대 상황 때문에 이루어질 수 없는 두 여인의 동성애 이야기입니다.

두 번째, 첫인상이 관문인 로맨스물입니다. 처음 만났을 때 너무 안 맞는 상대인 거예요. 성격도, 가치관도, 외모도, 가정환경도, 식성도, 버릇도 다 안 맞아요. 심지어 서로 오해하거나 싸울 수밖에 없는 상태에서 만나는 바람에 강렬하게 부딪칩니다. 이런 상대를 사랑하기란 쉽지 않죠. 그런데 최악의 상대와 피치 못할 사정으로 계속 엮입니다. 직장이나 생활 반경에서 계속 마주치거나, 계약 연애를 해야 하는 사정이 생기거나, 룸메이트가 되거나 하는 식으로요. 그렇게 계속 투닥거리면서 결국은 최악의 첫인상이란 관문을 극복하고 사랑을 이룹니다.

이런 관문을 가진 고전이 바로 제인 오스틴의 소설『오만과 편견』입니다. 로맨틱 코미디란 장르를 연 영화 〈어느 날

● 흥미롭게도, 로맨스물에서 주인공들이 팽팽하게 기싸움을 하고 부딪칠수록 '얘네 둘이 곧 섹스하겠군.'이라고 예감하는 독자들이 있습니다. 이것도 일종의 공식이라고 할 수 있긴 하죠. 동인지에서는 왜 그렇게 손오공과 베지터, 강백호와 서태웅 등 서로 으르렁거리는 라이벌들을 엮어주지 못해 안달일까요? 인물들이 팽팽하게 싸울수록 관계의 에너지 레벨이 올라가는데, 이것이 성적 긴장감과 상당히 닮았기 때문이라는 설도 있습니다.

밤에 생긴 일〉(1934)도 빼놓을 수 없죠. 어느 신문기자가 철 없는 부잣집 딸을 우연히 버스에서 만나 자리싸움을 벌이며 서로에게 최악의 첫인상을 갖는 것으로 영화는 시작합니다. 기삿거리를 제공받는 대가로 여자와 동행하던 기자는 그만 그녀의 매력에 스며들어 버립니다. 제멋대로에 철없는 부잣집 아가씨는 질색이라고 생각했었는데, 직접 만나보니 사랑스럽고 명랑하며 배려심도 있는 인물이었죠.

샬럿 브론테의 소설 『제인 에어』는 환경적 관문과 최악의 첫인상 모두 해당합니다. 제인 에어를 가정교사로 부른 고용주 로체스터는 불친절하고 최악의 첫인상이에요. 그 와중에 나이 차이도 큰데 약혼녀도 따로 있죠. 그렇지만 저택에 머무르면서 로체스터와 계속 부딪치는 사이 그에게 속절없이 빠져들고 맙니다.

세 번째, 거짓으로 시작한 관계가 관문이 되는 로맨스물입니다. 예를 들면, 상대를 속여서 관계를 시작하는 거죠. 낸시 사보카 감독의 영화 〈샌프란시스코에서 하룻밤〉(1991)에서는 곧 베트남에 파병될 해병들이 가장 못생긴 여자를 파티에 데려오기로 내기해요. 망나니 캐릭터인 에디는 적당한 상대를 찾다가 카페 종업원 로즈를 파티에 데려가는데, 그 과정에서 로즈의 매력에 빠져들면서 죄책감을 느끼기 시작하죠.

멋지고 다정한 에디가 자신에게 관심이 있는 줄 알았는데, 진실을 알게 된 로즈는 큰 상처를 받습니다.

도널드 피트리 감독의 영화 〈10일 안에 남자 친구에게 차이는 법〉(2003)에서는 여자 주인공이 남자 친구에게 차이는 칼럼을 쓰기 위해, 남자 주인공이 커리어를 건 내기 때문에 서로 사귀기 시작합니다. 하지만 서로를 속이려던 둘은 예상치 못하게 진짜 사랑을 느끼죠.

로맨스물에는 대체 왜 이렇게 최악의 상대가 많을까요? 그것은 로맨스물이 사랑을 결핍한 인물들의 이야기를 다루는 장르이기 때문입니다. '사랑이 가장 가치 있다.'라는 신화적 메시지가 세계관을 이루는 로맨스물에서는 주인공이 사랑을 결핍한 인물일 수밖에 없습니다. 주인공이 맞닥뜨리는 최초의 관문은 그가 쉽게 좋아할 수 없는 인물로, 시련을 주는 존재입니다. 주인공은 상대가 내는 문제를 풀고 관문을 통과해서 사랑의 결핍을 채워야만 세계관의 질서를 회복할 수 있습니다.

**시련은 주인공을 위한
맞춤형 관문이다**

　　　　　　　　이야기 속에 등장하는 시련은 주인공을 위한 '맞춤형 관문'입니다. 마이클 크라이튼의 소설 『쥬라기 공원』(1993)의 주인공 앨런 그랜트는 아이들을 좋아하는 고고학자입니다. 그러나 스티븐 스필버그 감독의 영화 〈쥬라기 공원〉에서는 앨런 그랜트가 초반부터 좀 재수 없는 인물로 나옵니다. 게다가 아이들을 극렬하게 싫어하죠. 아이들은 시끄럽고 엉망진창에 돈도 많이 들고 냄새까지 난다며 비아냥거립니다. 왜 영화에서는 주인공을 원작 소설과 달리 이렇게 비호감의 인물상으로 바꿔놓았을까요?

　앨런은 이야기 내내 어린아이 둘을 데리고 다녀야 하는 인물입니다. 원래 아이를 좋아하던 인물이 위기에 빠진 상황에서도 아이들을 보호한다면 공감은 쉽겠지만 '인물의 성장 그래프'는 그리 크게 움직이지 않을 겁니다. 그런데 아이라면 질색하는 인물이 아이들과 반강제적으로 동행해야 하는 상황이 온다면 지옥도가 펼쳐지겠죠. 매 순간이 관문일 겁니다. 그 대신 '인물의 성장 그래프'는 크게 요동칩니다. 결국 영화에서 앨런은 아이들을 끝까지 보호하면서 점점 그들에게 정을 붙이고 인간으로서 성장합니다.

비슷한 예로, 일본 애니메이션 〈카우보이 비밥〉 시리즈를 보겠습니다. 주인공 스파이크는 자기가 질색하는 세 가지를 처음에 밝힙니다.

"나는 천박한 여자와 어린애, 그리고 짐승은 질색이야."

그런데 바로 섹시한 여성과 어린아이, 웰시 코기 한 마리와 동료가 됩니다. 〈카우보이 비밥〉에 등장하는 시련들은 스파이크를 괴롭히기 위해 물불을 가리지 않는 듯 보입니다. 주인공을 지옥까지 굴려서 떨어뜨리려면 그가 무엇을 가장 싫어하고 두려워하는지 알아야 하죠. 그래서 주인공의 결핍이 중요한 겁니다.

이번에는 우주에서 조난된 주인공이 지구로 돌아오는 이야기입니다. 그것도 여러 전문가의 도움을 받아서가 아니라 오로지 혼자의 힘으로 말입니다. 이 이야기에서 누가 가장 많이 흔들리고 고통스러울까요? 그는 지구에 꼭 돌아갈 이유가 없는 인물일 겁니다. 우주에 홀로 남는 것이 극도로 두려운 인물일 거고요. 또한, 혼자 살아남은 것에 죄책감을 가진 인물일 수도 있습니다.

알폰소 쿠아론 감독의 SF 영화 〈그래비티〉(2013)에서 주인공 스톤 박사는 딸을 잃은 엄마라는 설정으로 나옵니다. 그녀는 우주비행사도 아닙니다. 허블 망원경을 수리하는 엔지니어로, 기본적인 비행 훈련은 받았지만 전문적인 우주비행사만큼 노련하지는 않죠. 그래서 우주에 홀로 남겨진 이 상황이 매우 불안하고 자신을 믿을 수 없어 두렵습니다. 게다가 은퇴를 앞두고 마지막으로 비행을 나온 노련한 조종사 동료가 그녀를 살리기 위해 목숨을 희생한 상황입니다. 과연 스톤 박사에게는 살아남을 가치 혹은 동기가 있을까요? 현재 그녀에게는 아등바등 살아남겠다는 의지를 꺾을 만한 조건들이 차고 넘칩니다.

자기 의심과 불안으로 흔들리는 주인공이 혼자 힘으로 지구로 귀환하여 지구의 중력에 다시 붙잡힌다는 이야기는 삶이라는 중력에 다시 붙잡히는 인물의 은유이기도 합니다. 스톤 박사에게 이는 새로운 탄생과도 같은 의미입니다. 지구로 돌아간 그녀는 스스로 서야 합니다. 영화는 이 행위가 가장 힘든 인물에게 우주에서 귀환하는 미션을 줍니다. 이게 바로 주인공 스톤 박사의 설정값이죠. 스톤 박사가 국제우주정거장에서 한숨 돌리는 장면은 마치 자궁 속 태아의 움직임처럼 연출됐고, 엔딩에서도 사람들이 바깥에서 캡슐의 문을 열어주는 것이 아니라 스톤 박사 스스로 문을 열고 나옵니다.

영화는 그녀가 처음 걸음마를 배우는 어린아이처럼 힘겹게 일어서서 지구의 중력 위에서 홀로 비틀비틀 걸어가는 것으로 끝납니다.

웹소설의 시련이 새로운 이유

전통적인 이야기 작법에서는 주인공을 가장 고통스럽게 만들고 지옥에 떨어뜨리라고 합니다. 그렇다면 웹소설은 어떨까요? 웹소설 독자들은 대부분 통쾌한 사이다가 계속 등장하길 바라고 어리숙한 주인공을 싫어합니다. 그렇다면 웹소설의 세계에서 전통 작법은 통하지 않는 걸까요? 물론 그렇지 않습니다. 웹소설에서는 주인공을 고난에 빠뜨리는 형태가 조금 달라졌을 뿐입니다. 한 잔의 시원한 사이다를 즐기기 전에 잠깐 탈수 상태를 겪는 식이랄까요. 탈수와 사이다가 반복 패턴을 만들며 회차가 진행됩니다.

그래도 여전히 의문은 남습니다. 어째서 웹소설의 작법은 전통 작법에 비해 탈수 구간이 짧을까요? 웹소설의 주인공은 왜 지옥 끝까지 가지 않고 그 전에 빠르게 탈출할까요? 전통 작법에서는 주인공을 맞춤형 시련에 빠뜨렸습니다. 그래서 주인공에게 주어지는 문제는 유독 어렵고 까다롭고 불공평했습니다. 그런데 웹소설의 주인공에게 주어지는 문제는 그의 장점과 유능함을 두드러지게 만드는 성향이 더 강합니다. 마치 미리 시험문제가 유출된 것처럼, 주인공의 무기와 역량을 쓰기에 유리한 문제들만 포진합니다.

   웹소설의 주인공들이 뒤통수를 맞는 일이 드문 건 왜일까요? 어떻게 그들은 매번 배신당하기 전에 먼저 알아차릴까요? 이것은 대부분의 웹소설이 능력주의 신화를 따르기 때문입니다. 이런 세계관에서는 '네가 유능하거나, 노력하거나, 마지막으로 주어진 기회를 잘 살린다면 뒤통수를 맞지 않고 성공한다. 누구보다 우월하고 행복해질 수 있다.'라는 메시지가 통용됩니다. 따라서 웹소설에서는 마음껏 질주하던 주인공이 '복수나 성공을 끝까지 밀어붙이는 게 정말 맞을까?'라며 세계관의 메시지를 잠깐 오해하고 주춤하는 형태로 관문이 등장합니다. 그러나 '주인공은 특별하며, 우월해지고, 성공한다. 원하는 것은 모두 갖게 된다.'라는 웹소설의 신화적 메시지는 결국 실현되며, 시련 역시 그 메시지를 전하기 위해 디자인됩니다.

   알파타르트 작가의 웹소설 《재혼황후》에서는 주인공 나비에가 황제인 남편에게 아무리 실망하고 배신감을 느껴도

'그래도 황후니까 이혼하기보다는 나라를 위해 버티는 게 맞지 않나?'라며 망설입니다. 그러나 '유능한 황후인 주인공은 또 다른 제국의 황제와 결혼하여 사랑도 얻고 황후로서도 더 성공한다.'가 세계관의 진짜 메시지였죠.

12강

세계관: 첫 화에서 약속하고 끝까지 지켜라

이야기의 세계에서는 인물, 사건, 배경, 규칙 등 모든 것이 단 하나의 메시지를 따라야 합니다. 당연한 말이지만 그것이 바로 '질서'이니까요. 로맨스 세계관에서 온갖 고생 끝에 사랑을 이뤘는데, 그 후 상대가 갑자기 오징어로 보여서 속상해지면 안 되는 겁니다. 유능한 탐정이 온갖 수수께끼를 다 풀어 놓고 마지막에 범인에게 놀아나서도 안 됩니다. 온갖 시련을 다 겪어놓고 '아, 꿈이었네.' 하고 끝내서는 안 됩니다.

물론, 세계관의 질서를 일부러 깨서 명작이 된 경우도 있습니다. 마이크 니콜스 감독의 영화 〈졸업〉(1967)의 설정은 막장투성이입니다. 대학을 갓 졸업한 주인공 벤자민은 옆집

유부녀와 불륜 관계였지만 그녀의 딸 엘레인과 진정한 사랑에 빠집니다. 엘레인은 모든 사실을 알고 그를 떠나지만, 벤자민은 그녀의 결혼식장에 뛰어 들어가 그녀를 데리고 도망치죠. '결혼식장에서 도망치는 신부'라는 전설적인 모티브를 만들면서요. 무사히 도망쳐 버스를 탄 둘은 통쾌하다는 듯 행복한 웃음을 터뜨립니다. 감독은 원래 여기서 영화를 끝내려 했어요. 그랬다면 이 영화가 처음에 추구하려고 했던 로맨틱 코미디 장르에 충실하게 끝났겠죠.

그런데 마지막 신에서 감독이 컷 사인을 좀처럼 외치지 않았습니다. '언제까지 웃어야 하지?' 두 배우는 당혹감에 서서히 웃음을 멈추고 굳어진 표정으로 감독의 신호를 기다렸습니다. 단순하고 진부한 엔딩이 성에 차지 않았던 감독은 이날 엔딩을 바꾸기로 결정합니다. 다음과 같은 메시지를 남기는 식으로요. '운명적 사랑을 좇아 극적인 드라마를 만들어냈지만, 결국 보통의 커플로 전락해 앞으로 지난한 현실과 마주하게 될 것이다.' 로맨스물의 규칙을 벗어남으로써 멋진 부조리가 완성됐죠.

그러나 세계관의 질서를 벗어난 〈졸업〉의 성공은 여러 가지 조건이 맞아떨어져서 가능했던 예외였습니다. 혹시 부조리한 엔딩을 장식할 사이먼앤가펑클의 〈더 사운드 오브 사일

러스〉 같은 명곡을 갖고 있나요? 지금 봐도 딸보다 아름다운 엄마를 연기할 앤 밴크로프트 같은 배우를 기용할 수 있나요? 모험적인 엔딩에 베팅할 수 있는 마이크 니콜스 감독의 역량을 갖고 있나요? 그게 아니라면 세계관의 질서를 지키며 기본에 충실하기를 추천합니다. 세계관의 질서를 벗어나서 명작이 될 확률은 만에 하나에 불과하기 때문입니다.

**세계관의 질서는
초반에 약속을**

작가는 세계관의 질서를 성취하거나 그렇지 못하면 어떤 결과가 따라올지 보상과 처벌 규칙을 제시해야 합니다. 그래야 자신의 메시지를 전할 수 있습니다. 신화와 역사, 전쟁, 종족, 세력, 지형이 세계관의 전부는 아닙니다. **세계관은 작가의 메시지가 지배하는 절대적인 대전제이자 상벌 규칙입니다.** 결핍된 메시지를 추구하면 보상받는다는 규칙이 설정된 시공간이라고도 할 수 있죠. 세계관의 질서가 무너지면 독자는 이야기가 당위성을 잃었다고 느낍니다.

작가는 세계관의 질서를 초반부터 독자에게 약속하고 가야 합니다. "재산깨나 있는 독신 남자에게 아내가 꼭 필요하다는 것은 누구나 인정하는 진리이다."『오만과 편견』을 시작하는 첫 문장처럼 말이죠. 그래서『오만과 편견』은 재산깨나 있는 독신 남자와의 사랑 이야기가 됩니다. 이 소설에 결혼 외의 이야기가 딱히 있나요? 없습니다. 모든 사건과 인물은 엘리자베스와 다아시의 결혼이라는 플롯에 직간접적으로 합쳐지죠.

여기까지 올 동안 아직도 미혼인 마티의 이야기를 계속해 보겠습니다. 영화 〈마티〉에서 마티와 친구들은 "여자는 예뻐야지."라고 말하며 댄스홀이나 유흥가를 어슬렁거리고 노는 것에만 관심을 둡니다. 그러나 할머니는 마티에게 "결혼을 안 한다니 부끄러운 줄 알아!"라고 잔소리를 합니다. 마티의 형은 아내와 크게 싸운 뒤 "결혼은 지옥이야. 넌 결혼하지 마!"라고 하죠. 언뜻 할머니와 형의 대사는 상반되는 듯 보이지만, 이 영화의 모든 사건과 인물은 끝에 가서는 '진짜로 사랑하는 사람과 결혼해야 한다.'라는 작가의 메시지와 직간접적으로 관련돼 있습니다. 메시지와 관계없는 사건이나 인물은 없어요. 예를 들어 마티가 퇴근하는데 회사 청소부가 나타나 "원래 나는 이 회사의 대표였는데 돈을 버느라 인생을 잃었었다. 지금이 오히려 행복하다."라는 말을 하면 안 됩니다. 그럴싸하고 좋은 에피소드 같지만 이 세계관엔 부합하지 않습니다. 현실에서는 하나의 질서를 따르지 않는 온갖 사건과 인물이 맥락 없이 등장하지만, 이야기 속 세계에서는 그러면 안 됩니다. 마티가 원하는 것을 얻기까지 이야기 속 세계에는 여러 관문과 함정, 도움과 보상, 쉼터, 힌트가 숨겨져 있습니다. 그가 마침내 목표를 이루었을 때 어떤 보상을 받는지에 관한 규칙도 설정돼 있죠. 작가가 취사선택하고 편집해서 만든 무대로서의 세계관은 이런 것입니다.

'돈이 있어야 억울한 일을 안 당하고 행복해질 수 있다.'라는 메시지가 지배하는 세계관에는 어떤 설정이 필요할까요? 모든 요소가 돈과 연결되겠죠. 로맨스가 곁들여지더라도 결국 핵심 요소는 돈과 연결됩니다. 가족의 사랑? 하지만 돈이 부족해서 가족이 위태로워져야 합니다. 로맨스? 주인공의 사랑 자체는 순수하더라도 돈과 관련된 문제가 얽혀야 합니다. 이런 세계관이라면 배경이 중세 영국의 장원이나 독일의 수공업자 길드여서는 안 됩니다. 현대의 대기업이나 은행인 편이 좋겠네요. 주인공은 대기업과 관련된 무대에서 돈이 없다는 이유로 서럽고 억울한 일을 당하거나, 인간 취급을 못 받거나, 목숨의 위협을 받을지도 모릅니다. 주인공이 겪는 사건들은 전부 돈과 관련돼야 합니다. 복수를 한다면 돈을 빼앗거나, 지분을 빼앗거나, 회사를 빼앗아야 합니다. 남의 아내를 빼앗는다? 악당이 신의 천벌을 받아 불치병에 걸린다? 이런 식의 복수가 아닙니다. '주인공의 원수가 여전히 부자이긴 한데 외로워서 내면은 불행할 테니까 결과적으로 주인공이 승리한 게 아닐까요?' 같은 변명은 통하지 않습니다. 정신승리는 진짜 현실에서나 해야 합니다.

이런 세계관을 가진 작품이 바로 웹소설《재벌집 막내아들》입니다. 원작 웹소설에서는 '돈이 전부다.'라는 세계관의 규칙이 절대 깨지지 않습니다. 하지만 드라마〈재벌집 막내아들〉에서는 규칙이 깨집니다. '모든 게 꿈이었다.'라는 결말로 끝나버립니다. 물론 이해는 됩니다. 회귀, 빙의, 환생, 사이다 복수극은 웹소설의 세계에서는 흔한 설정이지만, 안방극장에서는 어디까지 보여줘야 할지 고민됐을 겁니다. '왜 환생을 했는데 미래가 아닌 과거로 돌아가는 거야?' '어째서 다른 사람 몸에 들어간 거지?' 이런 의문을 던지며 쉽게 납득하지 못한 시청자도 적잖았다고 하니까요. 회귀-빙의-환생, 일명 '회빙환 설정'은 웹소설의 세계에서는 이제 문법이라 불릴 정도로 익숙하지만, 드라마의 세계에서는 아직 설득력이 부족하다고 판단하여 이런 결말이 나왔을 겁니다.

**어딘가에
존재할 법한 세계**

　　　　　　　세계관은 주인공이 품은 결핍을 중심으로 창조된 세계입니다. 그래서 마치 드라마 세트처럼 이야기에 필요한 부분만 존재합니다. 세계관 안에서 일어나는 사건들은 오로지 주인공을 시험하는 관문이나 그를 돕는 식으로만 나타납니다.

　　이런 서술이 세계관을 낮게 평가하는 것 같아서 속상한 분들도 계시죠? 저도 그 기분을 잘 압니다.『반지의 제왕』같은 중세풍의 웅장한 하이 판타지High Fantasy, 마블과 DC 코믹스의 멀티 유니버스, 〈아키라〉와〈공각기동대〉,〈기동전사 건담〉시리즈 같은 일본 애니메이션에 가슴이 두근거린 적이 있는 분이라면 더더욱 그렇겠죠. 그러나 아무리 광활하고 웅장한 세계관이 좋아 보이더라도, **세계관은 작가의 메시지에 맞게 취사선택되고 디자인된 무대라는 사실을 잊어서는 안 됩니다.** 주인공은 결핍된 것을 추구한 끝에 세계관의 규칙에 맞는 관문을 모두 통과합니다. 그리고 결국 세계관의 핵심 메시지에 도달하죠. 그 메시지야말로 이 세계관의 질서입니다.

　　그러나 세계관을 자꾸 한정하라는 말에 갑갑함을 느낄 분들을 위해 작은 희망을 하나 전하겠습니다. 한 명의 주인공과 그를 위한 사건에 맞춰 세계관의 크기를 좁히다 보면, 표현하고 싶었던 디테일이 조금밖에 못 들어가 몹시 아쉬울 겁니다. 제임스 카메론 감독의 영화 〈아바타〉(2009)를 볼까요. 주인공이 외계행성에 도착한 뒤 환상적인 풍경을 둘러보다가 신기한 식물을 괜히 팡 때려보고 흩어지는 광원을 보며 신기해하는 장면이 있습니다. 메시지를 추구하는 플롯과 관계가 없는 이런 장면을 영화에 왜 넣은 걸까요?

지금부터 세계관 설정에 관한 예외적인 조건을 말씀드리겠습니다. **서사의 종류는 배경서사, 인물서사, 사건서사, 정보서사**˙ 이렇게 네 가지가 있습니다. 그중 '배경서사'는 다른 서사에 비해 배경의 비중이 상당히 크고, 인물을 둘러싼 세상을 관찰하는 데 집중합니다. 〈아바타〉에서 외계행성의 풍경을 둘러보고 식물을 건드리며 반응하는 장면, 『반지의 제왕』에서 호빗족이 자신들의 언어로 노래하는 장면도 배경서사에 해당합니다. 배경서사는 인물을 둘러싼 세상을 더 풍성하게 만들고 인물이 여기에 반응하게 하여, 독자들에게 마치 새로

● '인물서사'는 인물의 삶과 생각을 조명하는 서사입니다. 인간의 다층적인 면을 보여주기에 적합하죠. '사건서사'는 모험물이나 액션물처럼 끊임없이 새로운 상황이 펼쳐지는 서사입니다. 원인에서 결과로 이어지는 플롯의 흥미도를 중시합니다. '정보서사'는 독자에게 제시되는 정보들이 중요한 서사로, 추리물에 어울립니다. 그래서 인물이나 플롯은 단순한 편이죠. 이 네 가지 서사들이 언제나 딱 잘라서 구분되지는 않습니다.

운 세상에 들어가 관광하는 듯한 정서를 선사합니다. 독자 입장에서는 풍경, 문화, 가치관, 법, 관습, 다른 종족의 외형 등 모든 것이 신기하고 새롭게 느껴집니다.

그런데 이 배경은 그냥 재미를 위해서, 혹은 단순히 실감 나는 연출을 위해서 마련된 것이 아닙니다. 낯선 곳에 여행을 온 듯한 기분이 된 독자가 새로운 세계의 낯선 규칙에 열린 자세를 갖게 하기 위한 장치입니다. 현실에서는 한없이 보수적인 사람이더라도 생전 처음 가는 낯선 행성에 데려다 놓으면, 그곳 주민들이 훌렁 벗고 다니든 약탈혼을 하든 성인이 되면 부모를 잡아먹든 웬만해서는 다 받아들이기 마련입니다. 독자가 현실의 관습에 사로잡혀 새로운 인물과 사건이 나오는 이야기를 받아들이기 어려워할 것 같으면, 마치 세상에 처음 태어난 듯 마음을 열 수 있게 만들어 주면 되죠. 그래서 작가는 어딘가에 진짜 있을 것처럼 생생하게 새로운 세계를 창조합니다. '드래곤의 알을 우연히 깨는 바람에 드래곤의 어머니가 돼 세상을 일주하며 사람들을 죽이는 여성의 이야기'[*]를 개연성 있게 전하려면, 이런 일이 일어날 법한 세계가 선행돼야죠.

- 〈왕좌의 게임〉 속 등장인물인 대너리스 타르가리옌의 설정.

그러나 독자가 낯선 세계를 구경하며 즐거워하는 순간은 아주 잠깐입니다. 〈아바타〉에서 주인공이 주위를 둘러보며 신기해하는 장면이 얼마나 짧았는지를 떠올려 보세요. 요즘 독자들은 『반지의 제왕』 속 광활한 세계관을 더 읽기 어려워 합니다. 아무래도 스마트폰이 나오기 전의 작품이니까요. 그렇지만 예나 지금이나 세계관은 여전히 작가의 메시지를 위해 존재합니다.

다른 서사의 비중은 매우 작고 배경서사가 중심이 되는 이야기가 있다고 해봅시다. 그렇다면 이 작품에서는 배경을 보여주는 것 자체가 작가의 메시지일 가능성이 큽니다. 그리고 최근의 작품이 아닐 확률도 높습니다. 조나단 스위프트의 소설 『걸리버 여행기』처럼요. 『걸리버 여행기』의 주인공 걸리버는 수많은 나라를 여행하면서 어처구니없는 문화들을 접하는데, 그것들은 당대의 영국을 풍자하는 은유였습니다. 달걀을 뾰족한 쪽부터 깰지 뭉툭한 쪽부터 깰지로 온 국민이 갈라져서 싸우는 나라, 대변을 음식으로 변환하는 쓸데없는 연구를 하며 세금을 낭비하는 나라 등이 등장하죠. 이 나라들을 묘사하는 것 자체가 작가의 메시지였기 때문에 배경서사가 중심인 이야기가 됐습니다. 하지만 현대에도 이런 식으로 이야기를 쓰면 재미가 반감될 수 있습니다. 그러므로 세계관을 창조하기 전에 주인공에게 이 세계가 필요한 이유가 충분한지를 보수적으로 점검해 봐야 합니다.

더 읽어보기　　　　**주인공의 결핍을 설정하는 법**

"결핍이야말로 모든 이야기의 출발점"이라는 명제를 생각해 봅시다. 결핍은 인물의 설정이나 서사의 동력일 뿐 아니라, 인간이라는 존재가 세계 속에서 끊임없이 느끼는 불균형 그 자체입니다. 하지만 막상 이야기를 쓰려고 책상 앞에 앉아서 '나의 주인공에게는 어떤 결핍이 있는가?'라는 질문에 답하려고 하면 의외로 쉽지 않죠.

　우리의 주인공에게 무엇이 결핍됐는지, 왜 이런 결핍이 생긴 것인지, 그 결핍이 서사에 어떤 영향을 미치는지 좀 더 심도 있게 살펴보기 위해 임상심리학자 제프리 E. 영의 스키마 치료 이론을 소개합니다. 심리도식치료의 이론적 기반인 스키마 이론에서 스키마schema란 한 인간이 반복해서 나쁜 삶에 빠져들게 만드는 고질적인 마음의 패턴이자, 자신과 세계에 대한 믿음, 즉 심리도식을 의미합니다. 인간에게 부정적인 영향을 끼치는 도식이기에 '삶의 덫'이라고도 하죠. 스키마 이론에 따르면 인간은 일생 동안 이 덫에 반복해서 걸려듭니다.

주인공이 세상을 받아들이기에는 너무 겁이 많고 무능해서 고립되어 있으며, 혹은 타인의 기대 때문에 스스로를 잃어버린 인물이라고 가정해 봅시다. 주인공이 세상에서 겪는 갈등은 그들 안의 고질적인 믿음과 감정 패턴이 외부 세계와 충돌한 결과입니다. 독자가 주인공에 몰입하는 이유도 여기 있습니다. 동서고금을 막론하고 결핍은 가장 보편적인 정서이며, 가장 설득력 있는 서사의 기초이기 때문입니다.

이때 스키마 이론은 주인공의 결핍을 구조화하고 해석하는 하나의 프레임으로서 상당히 유용합니다. 즉, 주인공이 겪는 내면 갈등이 하나 이상의 스키마에서 비롯된다고 가정해 보는 겁니다. 그러면 주인공의 결핍 유형을 좀 더 쉽게 설정할 수 있습니다. 주인공의 캐릭터 설정은 물론 작중 세계관을 설계하고 플롯을 결정하며 이야기의 톤과 주제를 규정지으며 '보이지 않는 설계도'의 역할을 합니다. 예를 들어, 버려질 수 있다는 불안감이나 두려움이라는 스키마를 지닌 인물은 타인의 인정이나 사랑을 얻기 위해 위험을 감수하려 하고, 이 선택은 이야기를 비극 혹은 구원의 서사로 이끕니다. 스키마 하나가 곧 이야기의 방향을 좌우하는 것이죠. 그러므로 이야기는 결국 스키마로부터 출발해, 주인공이 이 스키마와 싸우거나 이를 받아들이거나 넘어서기 위한 여정이라 말할 수 있습니다.

주인공이 자신의 스키마를 극복하며 끝이 난다.
주인공이 스키마에 함몰되어 파멸하거나 고립된다.
주인공이 스키마를 해체하거나, 새롭게 다시 써 내려간다.

스키마는 이와 같이 이야기의 결말 유형―승리·비극·열린 결말―과도 깊은 관련이 있습니다. 스키마 이론을 통해 인물의 결핍을 조금 더 명확한 언어로 말할 수 있다면, 우리는 그 인물을 더 깊이 이해할 수 있고, 그가 만들어갈 서사의 결을 더 정교하게 설계할 수 있을 겁니다.

결핍의 5가지 유형
(부적응 도메인)

제프리 E. 영은 인간의 심리적 결핍을 보다 구조적으로 설명하기 위해 부적응 스키마들을 5가지의 도메인domain(유형)으로 분류했습니다. 각 도메인은 유년기에서 성인기까지 형성된 핵심 결핍의 양상을 보여주며, 이를 이야기의 세계에 적용하면 동시에 인물이 세계를 어떻게 지각하고 반응하는지를 결정 짓는 서사적 동력을 분석할 수 있습니다. 각 도메인은 특정한 플롯 구조, 인물 유형, 이야기 장르와 긴밀하게 연결됩니다.

도메인 1. 유기와 불안정성
→ 타인과의 안전한 애착 형성이 어려운 결핍
"부족한 나는 결국 사랑하는 사람에게서 버림받을 것이다."

아동기 동안 정서적으로 일관되지 못한 보호자에게서 자란 아이는 이러한 도메인을 찾는 경향이 있습니다. 안정적 애착 형성에 실패했기 때문입니다. 보호자의 사랑에 늘 조건이 붙었거나, 보호자가 예측 불가능하게 떠났다가 돌아오거나, 감정적으로 들쭉날쭉한 반응을 보였다면 아이는 세계를 불안정한 곳으로 인식하게 됩니다. 이는 세계에 대한 뿌리 깊은 '불신'이 되죠. 누구도 나를 진짜로 사랑할 리 없고, 나와 가까워지려는 사람에게는 반드시 다른 계산속이 있다고 믿습니다. 모든 관계를 위선이라고 믿는 이들은 언제나 불안정하며 버려질까 봐 관계에 과도하게 집착하거나 애초에 관계 자체를 회피합니다.

이야기에서 이런 인물은 사랑을 갈구하면서도 상대를 밀어내고 상실을 되풀이하며 '애착의 서사'를 끌고 갑니다. 이런 인물을 주인공으로 삼으면 상실의 서사, 로맨스물이나 멜로물, 부모와 자식 간의 비정상적인 집착, 미스터리 스토킹 등의 이야기를 만들 수 있겠죠.

스키마	한 줄 설명
1. 유기/불안정성 (abandonment/instability)	나는 결국 버려질 것이다
2. 불신/학대(mistrust/abuse)	타인은 결국 나의 뒤통수를 칠 것이다
3. 정서적 결핍 (emotional deprivation)	아무도 나를 이해해 주지 않는다
4. 결함/수치심 (defectiveness/shame)	나는 결함 많고, 부끄러운 존재다
5. 사회적 소외 (social isolation/alienation)	나는 어울리지 못하고 혼자다

도메인 2. 손상된 자율성과 성취감

→ 독립성과 자율성, 자기효능감 결핍

"나는 혼자서 아무것도 할 수 없는 사람이다."

이 도메인은 아동기에 과잉보호 혹은 과도한 통제를 받으며 자라난 아이에게 나타납니다. 스스로 선택하거나 실패할 기회를 박탈당한 아이는 끊임없이 타인의 도움을 필요로 하게 되죠. 겉으로는 순하고 사랑스러워 보이지만 이것은 위장일 가능성이 큽니다.

이와는 반대로, 부모가 지속적으로 "넌 안 돼.", "넌 부족해."라고 저평가하며 '무능 프레임' 씌우기를 반복했을 때도 이 스키마는 강화됩니다. 겁이 많고 책임지는 일을 어려워하며, 자신이 원하는 것을 관철하지 못합니다. 이 뿐만 아니라 스스로 뭘 원하는지도 몰라서 타인의 승인이 있어야만 비로소 무언가를 원하게 됩니다. 한마디로 모든 것을 주입받는 것이죠.

이야기 속에서 이런 인물은 타인에게 의존적이며 끊임없는 자기 증명과 회피를 반복합니다. 아이 상태에서 성장이 멈춘 채 어른이 된 인물, 혹은 부모의 그림자에서 벗어나지 못하는 인물이 여기에 해당하죠. 그러나 동시에 이러한 결핍은 3부에서 등장할 '성장 플롯'을 가능하게 만드는 원동력이 되기도 합니다. 성장 서사, 자아 발견 서사, 로드무비 등에서 주로 발견할 수 있는 결핍 유형입니다.

스키마	한 줄 설명
6. 의존/무능 (dependence/incompetence)	나는 혼자선 아무것도 못한다
7. 위험/질병에 대한 취약성 (vulnerability to Harm or Illness)	세상은 위험하다
8. 융합/미개별화 (enmeshment/undeveloped self)	나에게는 독립된 자아가 없다
9. 실패(failure)	나는 늘 실패할 것이다.

도메인 3. 손상된 한계

→ 자기통제 부족, 특권의식, 타인에 대한 존중 부족

"나는 특별하므로 규칙은 나에게 적용되지 않는다."

이 결핍 유형은 아동기에 규율 없이 무조건적 찬사와 귀여움을 받으며 자란 아이에게서 나타납니다. 좌절을 경험해 보지 못해 자기통제력이 부족하죠. 이런 유형은 자신이 잘못한 건 하나도 없고 모든 것을 남 탓으로 돌립니다. 자신의 행동이 주변에 미치는 영향을 배우지 못해서 세상이 본인 위주로 돌아가야 한다는 특권적 감각을 지닙니다. 반대로 훈육 없이 방치당했을 때도 이러한 스키마가 생길 수 있습니다. 때리고 싶을 때, 먹고 싶을 때, 술을 마시거나 담배를 피고 싶을 때, 탈선을 하고 싶을 때 그 충동을 억제할 수가 없죠.

이야기 속에서 이런 인물들은 냉정한 현실 인식이 어려운 나머지, 상황을 비약하기도 합니다. 타인과의 경계를 존중하지 않거나, 자신에게만 예외가 적용돼야 한다고 믿습니다. 이 인물이 자신의 성향을 고치지 못한다면 결국 몰락하리라는 것은 자명합니다. 또는 주인공의 반대편에 선 빌런, 혹은 안타고니스트가 될 것입니다. 강한 카리스마를 가진 적이나, 어처구니없을 정도로 희극적인 조연이 될 수도 있겠죠.

주인공이 이런 결핍을 지녔다면 비극과 몰락의 서사, 혹은 권력

드라마에 어울리며, 오이디푸스처럼 자신의 오만한 하마르티아(결함)를 극복하지 못해 몰락하는 파멸형 영웅물에도 잘 맞아떨어집니다. 바벨탑 신화, 이카루스 신화 등도 대표적 예죠.

스키마	한 줄 설명
10. 특권의식/자기중심성 (entitlement/grandiosity)	나는 특별하니 규칙이 적용되지 않는다
11. 자기통제 부족 (Insufficient self-control/self-discipline)	참을성이 없다 충동적이다

도메인 4. 타인 중심성

→ 자기 욕구보다 타인을 우선시함

"나보다 타인의 감정과 기대를 먼저 고려해야 한다."

이 결핍 유형은 아이가 부모의 과도한 기대를 받았거나, 혹은 부모님의 감정 풀이 도구로서 취급받았을 때 나타납니다. 부모가 아이를 흔히 말하는 '감정 쓰레기통'처럼 자기 연민, 분노, 하소연을 받아주는 도구로 취급하는 경우 그 아이는 이런 결핍을 지니기 쉽습니다. 이런 유형은 부모의 불공평한 요구에 순응하면서, 자신의 감정이나 욕구를 드러낼 때마다 '왜 이렇게 이기적이니?', '다른 사람 생각은 안 하니?' 같은 반응을 경험해 왔습니다. 어릴 때부터 '착한 아이' 역할을 수행해 온 이들은 성인이 돼서도 늘 관계 속에서 자신을 지우게 됩니다.

이러한 결핍을 지닌 캐릭터는 타인을 위해 희생하거나, 자아와 역할 사이에서 분열을 겪으며, 결국 자기 삶을 되찾기 위한 갈등에 휘말립니다. 남의 기준에 맞춰 자기를 증명하려는 강박을 보이거나 타인을 돌보는 것으로 자신의 쓰임새를 확인하려고 하고, 때로는 그저 침묵을 선택할 수도 있습니다. "내가 너한테 어떻게 했는데!"라고 말하면서요. 이러한 인물은 이야기의 끝에서 "싫어요. 안 돼요. 당신의 말을 듣지 않겠어요. 나만의 인생을 찾겠어요."라고 말하는 법을 배우거나 스스로 가치 있음을 깨달아야 합니다. 그렇지 못하면 붕괴라는 결말을 맞이하게 되겠죠.

대표적으로는 가족 서사, 희생 서사, 어머니 서사(어머니가 난봉꾼인 아버지나 아들을 견디는 이야기) 등이 있습니다.

스키마	한 줄 설명
12. 복종(subjugation)	나는 늘 타인의 뜻을 따라야 한다
13. 자기희생(self-sacrifice)	나는 항상 남을 먼저 배려해야 한다
14. 인정 추구 (approval-seeking/ recognition-seeking)	남의 인정을 받아야만 가치 있다

도메인 5. 과잉 경계 및 억제

→ 감정 억제, 규칙 집착, 완벽주의, 처벌주의

"감정은 약점이며, 욕망은 숨겨야 한다."

이 결핍 유형은 아이가 늘 엄격한 기준에 따라 행동해야 하거나 감정 표현을 허용하지 않는 환경에서 자란 경우에 형성됩니다. "슬퍼도 울지 마. 화내면 혼나. 웃지 마. 참아야 돼." 이런 메시지가 반복되면 아이는 감정을 억누르는 행위가 '어른스러운 일'이라고 믿게 됩니다. 또한 지나치게 완벽을 요구하거나 실수를 용납하지 않는 환경에서도 이 스키마가 강화되죠.

로맨스 장르에서 겉보기에는 냉정하지만 속에는 상처를 품고 있는 엘리트 주인공이 바로 이런 유형입니다. 이러한 인물은 냉정한 완벽주의자로서 감정을 회피하거나 통제하려 하고, 자기 기준에 맞지 않으면 스스로 용납할 수 없어서 결국 무너지게 마련이죠. 주인공은 감정과 인간성을 회복함으로써 해방될 수 있습니다. 실패해도 괜찮고 성공보다 더 큰 가치를 깨닫는 것도 좋은 엔딩이 되겠죠. 완벽주의 서사, 억압과 해방의 이야기, 정체성 붕괴의 심리극에 어울리는 결핍 유형입니다.

스키마	한 줄 설명
15. 정서 억제 (emotional inhibition)	감정을 드러내면 약점이 된다
16. 요구 기준 (unrelenting standards/ hypercriticalness)	늘 완벽해야 한다
17. 부정적 사고/비관주의 (negativity/pessimism)	결국엔 안될 것이다
18. 처벌(punitiveness)	실수하면 벌을 받아야 한다

이와 같이 큰 틀에서 결핍의 도메인을 파악하면 이야기의 방향을 쉽게 결정할 수 있습니다. 이야기의 톤, 플롯의 반복 구조, 그리고 인물의 내면 갈등을 결정하는 일이 훨씬 수월해집니다. 작가가 인물의 결핍을 구체적으로 이해할수록 더 설득력 있는 서사를 구성할 수 있기 때문입니다.

3부

본능을 자극하는 플롯 설계의 원칙

13강 　　　　　　독자의 멱살을 잡고
　　　　　　　엔딩까지 한 방에 가는 법

이제 막 소설 한 편을 다 읽은 사람이 있습니다. 그의 입에서 "아, 재밌었다."라는 감상이 나온다면 이 소설은 어떤 이야기일 것 같나요? 인생과 세상에 관해 통찰을 전하는 이야기는 어떨까요? 감수성을 촉촉하게 적시는 이야기는요? 사회의 부조리를 폭로하고 정의감을 자극하는 이야기? 그가 원래 좋아하는 장르물이라면 재밌어할 가능성이 더 크지 않을까요? 그가 공감할 수 있는 결핍을 가진 인물이 주인공이라면요? 혹은 그가 선망하는 능력을 가진 인물들이 나오는 이야기라면요? 신선한 소재와 충격적인 아이디어가 나오는 이야기일 수도 있겠네요. 세계관이 웅장하고 정밀한 이야기일 수도 있고요.

모두 가능성은 있습니다만, 이것들만으로는 재밌는 이야기를 완성할 수 없습니다. 본능적으로 어떤 이야기가 재밌다고 느끼게 만드는 힘은 설계에서 나옵니다. 바로 그것이 '플롯'입니다. 가끔 읽다가 멱살이 잡혀서 정신 차려보니 엔딩까지 끌려와 있는 이야기가 있죠? 이런 이야기는 좋은 플롯을 가진 경우가 많습니다.

아리스토텔레스의 『시학』과 3막 구조

일단, 플롯이 무엇인지부터 알아보겠습니다. 플롯의 기원을 찾으면 고대 그리스의 아리스토텔레스까지 거슬러 올라갑니다. 아리스토텔레스는 저서 『시학』에서 플롯을 비극의 핵심 요소로 강조했습니다. 플롯이 사건들의 단순한 나열이 아니라, 필연적이거나 개연성이 있는 인과관계로 연결된 서사의 배열이라고 설명했죠. 또한, 관객이 하나의 전체로 인식할 수 있을 만큼 적절한 길이를 가져야 한다고도 했습니다.

아리스토텔레스가 언급한 플롯의 장치들도 지금까지 유용합니다. 이야기가 결정적 전환점에서 반전되는 페리페테

이아Peripeteia, 주인공이 어떤 사실을 발견하는 순간인 아나그노리시스Anagnorisis, 주인공을 파멸에 이르게 하는 잘못된 판단이나 치명적 결함인 하마르티아Hamartia, 연민과 공포를 불러일으키고 관객의 마음을 정화하는 카타르시스Catharsis는 고전부터 현대 서사를 관통하는 핵심 개념들입니다. 결핍을 가진 주인공이 선택을 거듭하며 점점 더 어려운 상황에 빠지는 서사 구조, 무언가를 추구하다가 자신의 결함으로 인해 몰락하는 서사 구조 등 현대의 이야기 설계에도 이 통찰이 적용되고 있습니다.

특히, 아리스토텔레스가 '플롯은 시작, 중간, 끝을 가져야 한다.'라고 주장했던 내용은 현대 극작술의 '3막 구조'로 발전했습니다. 3막 구조는 영화와 드라마에서 보편적으로 사용하는 작법입니다.* 아리스토텔레스의 플롯 개념을 현대의 3막 구조에 대입하면 다음과 같이 정리할 수 있습니다.

1막: 시작Protasis (서막)

① 배경 설정: 주인공과 세계관, 목표, 결핍이 드러난다.

- 3막 구조를 더 자세히 알고 싶다면, 시드 필드의 『시나리오 워크북』, 블레이크 스나이더의 『고양이를 구하라(SAVE THE CAT)!』를 읽어보세요. 3막 구조 작법에 관한 고전으로 불리는 책들입니다.

② 계기적 사건 발생: 주인공의 결핍이 자극되며 이를 해소하려는 욕구가 생긴다.

③ 행동 선택: 주인공이 목표를 이루기 위해 행동을 시작하고, 독자/관객은 여기에 감정적으로 몰입할 준비를 한다.

2막 : 갈등 Epitasis (상승)

① 갈등 심화: 주인공이 목표를 향해 나아가는 도중 점점 더 어려운 상황에 부딪힌다.

② 하마르티아(치명적 결함, 판단 오류) 등장: 주인공이 저지른 실수나 그의 성격적 결함이 서서히 드러나며 더 큰 위기에 빠진다.

③ 페리페테이아(반전): 예상치 못한 사건이 발생하여 주인공의 상황이 급격히 악화한다.

④ 아나그노리시스(발견): 주인공이 결정적 깨달음을 얻지만, 너무 늦었거나 돌이킬 수 없는 상황에 놓인다.

3막 : 결말 Catastrophe (종결)

① 클라이맥스: 주인공이 최종 결정을 내리고 행동한다.

② 하마르티아의 결과: 2막에서 드러난 하마르티아가 돌이킬 수 없는 비극적 결과로 이어진다.

③ 카타르시스(정화): 주인공의 몰락을 지켜보며 독자/관객은 연민과 공포를 느끼고 감정적 해소를 경험한다.

이러한 3막 구조는 특히 연극과 영화에 효과적입니다. 연극과 영화는 정해진 시간 내에 관객을 몰입시키는 기술이 중요한 분야이기 때문입니다. 모든 사건은 제시간에 일어나야 합니다. 그래서 시나리오를 마치 도미노처럼 설계하죠. 이야기의 구조는 이론에 따라 얼마든지 다양한 방식으로 형성될 수 있지만, 그중에서도 3막 구조는 전통적으로 사랑받아 온 구조입니다.

'정신 차리니 엔딩'이 되는
이야기의 구조

저는 플롯을 주인공이 움직인 궤적, 즉 '주인공의 변화를 중심으로 설계한 동선'이라고 설명하는 편을 선호합니다. 인물과 사건이 근본적으로 닿아있다는 사실을 강조해야 인물의 결핍과 사건 사이에 강력한 은유가 탄생한다고 믿기 때문입니다. 영화 〈그래비티〉에서 홀로 우주를 표류하던 주인공이 지구의 중력권으로 돌아가려는 사건은 죽음 속을 표류하다가 삶의 애착을 갖고 다시 태어나려는 결핍을 강력하게 은유하듯이요. 그래서 플롯은 단순히 개연성 있는 사건들의 나열이 아니라, 주인공의 행동과 그가 겪는 사건 그리고 내면의 변화를 여러 단계로 쪼갠 것으로 봐야 합니다.

플롯은 주인공이 행하는 선택과 사건의 궤적입니다. 주인공이 행동하기를 선택하면 사건의 도미노 패들이 넘어가기 시작하죠. 모든 사건은 필연적으로 연결됩니다. 앞 사건은 바로 뒷 사건의 원인이고, 뒷 사건은 바로 전 사건의 결과입니다. 어떤 이야기의 결말이 그렇게 되는 이유는, 이야기 처음에 주인공이 행동을 시작했기 때문이고요. 이야기 속에 주인공과 관계없는 사건은 나오지 않습니다. 모든 사건은 의도가 있고, 가장 적절한 순서로 배치돼 있습니다. 한 장면의 순서를 다른 장면과 바꿨는데도 이야기를 이해하는 데 전혀 지장이 없다면, 그 장면들은 필요 없는 군더더기일 수 있습니다. 이야기의 시작부터 끝까지 모든 사건은 주인공이 움직이는 궤적을 직간접적으로 따라가며, 전체를 관통하는 하나의 선 위에 놓여있어야 합니다. 이것이 바로 플롯입니다. 도미노 같은 인과관계로 사건들을 촘촘하게 설계하면 독자나 관객이 지루할 틈이 없습니다. 다음 사건, 그다음 사건을 향해 필연적으로 호출되는 설계에 훅 끌려 들어갔다가 정신을 차려보니 어느새 엔딩에 와있는 겁니다.

영화 〈첨밀밀〉에서 소군과 이교가 처음으로 만나는 장면을 예로 들어보겠습니다. 로맨스물에서 두 주인공이 처음으로 만나는 장면은 우연히 만남이라고 해도 '필연적으로 엮이는 느낌'을 내야 합니다. 이교는 중국 본토 출신으로, 홍콩에서 큰 부자가 되는 것이 꿈입니다. 그래서 처음부터 홍콩 사람이었던 것처럼 굴면서 홍콩의 모든 것을 아는 체합니다. 그녀에게는 가난한 중국인이라는 사실이 결핍과 열등감으로 작용합니다. 이교는 중국 남부 출신이라 중국 표준어인 만다린과 홍콩에서 쓰는 광둥어를 둘 다 구사할 수 있죠. 그 덕분에 홍콩에서 태연하게 홍콩 사람인 척을 하면서 활기차게 살고 있습니다. 반면, 똑같이 중국 본토 출신인 소군은 홍콩에서 괜찮은 일자리를 구한 뒤 여자 친구를 데려오려고 합니다. 대단한 직장이 아니더라도 자기 일에 만족할 줄 아는 소박하고 다소 어리숙한 인물입니다. 광둥어를 못해서 홍콩살이에 큰 곤란을 겪고 있죠. 시골 출신인 소군은 동네 사람들이 그렇게도 선망하던 맥도날드에 가보기로 합니다. 그리고 바로 거기서 아르바이트 중이던 이교를 만납니다.

이렇게 우연히 만난 남녀 주인공은 필연으로 얽히기 시

작해야 합니다. 둘이 대화를 이어갈 수 있도록 꼬리에 꼬리를 무는 전개가 필요하죠. 광둥어를 못하는 소군은 메뉴를 주문하면서 당황하여 더듬거립니다. 그의 뒤로 긴 줄이 생기니 이교는 할 수 없이 만다린을 써서 도와줍니다. 이로써 소군은 이교가 만다린을 구사한다는 사실을 알게 됐습니다. 그런데 때마침 맥도날드에서 아르바이트를 모집하네요? 아르바이트에 지원하고 싶은 소군은 누구에게 말을 걸까요? 당연히 아까 만다린을 쓸 줄 알았던 여자를 찾아야 합니다. 소군은 이교에게 말을 걸어 일자리를 부탁합니다. 이교가 딱 보니 이 친구가 어리숙합니다. 그래서 소군을 자신이 일하는 영어 학원에 등록시키고 소개비를 받아먹을 계획을 세우죠. 그러다 보니 둘은 학원에서 매일 마주치고 서서히 엮이기 시작합니다.

이야기가 점차 진행되고, 서로 호감은 있지만 아직 친구 사이이던 두 주인공이 처음으로 선을 넘는 순간이 찾아옵니다. 이때도 상황에 인과의 개연성이 작동해야 합니다. 이교가 거금을 투자한 카세트테이프 사업이 쫄딱 망했습니다. 추운 겨울에 장사를 하는 와중에 비까지 내려서 온종일 오들오들 떨었죠. 게다가 온 가족이 모여서 명절 음식을 나눠 먹는 새해인데도 둘은 하루 내내 굶기까지 했습니다.

간절한 위로가 필요한 상태의 둘은 비좁은 소군의 집으

로 돌아와서 새해 만둣국을 함께 먹습니다. 그리고 자연스럽게 설거지를 함께 하죠. 그런데 따뜻한 물이 안 나옵니다. 설거지를 끝내고 이교가 집에 가려는데 찬물에 손이 얼어서 코트 단추가 잘 안 채워져요. 이 모습을 보고 있던 소군이 대신 단추를 채워주죠. 둘이 함께 설 공간조차 빠듯한 홍콩의 닭장 아파트에서 이들은 무척 가까이 붙어 섰습니다. 그리고 당연하게도 다음 상황이 호출되는 겁니다. 이런 것이 필연적인 인과관계, 도미노처럼 자연스러운 연쇄 반응입니다. 둘이 밀착하니 이교의 머리카락이 자꾸 소군의 얼굴에 닿아서 간지럽습니다. 그래서 소군은 이교의 머리카락을 귀 뒤로 넘겨줍니다. 그렇게 둘의 눈이 마주치고 가볍게 입맞춤을 시작했다가 결국 선을 넘게 되죠.

현실에서는 인과의 개연성이 이런 식으로 치밀하게 작동하지 않습니다. 여자가 심심하다며 별생각 없이 남자의 집에 놀러 와서 과자를 먹으며 같이 넷플릭스를 보기 시작합니다. 그러다가 우연히 냉장고에서 맥주를 발견하고는 둘이 취한 김에 아차, 그만 선을 넘어버리고 맙니다. 이런 게 진짜 현실이죠. 하지만 허구의 이야기는 이렇게 개연성 없는 가벼운 설계를 해서는 안 됩니다.

주인공만을 위해
길을 깔아라

플롯은 주인공이 시련을 겪고 관문을 통과하는 일종의 '문제 풀이 과정'입니다. 이 문제는 우연히 풀려서는 안 됩니다. 주인공이 올바른 풀이법을 사용해야 한다는 규칙을 지켜서 문제를 풀었을 때만 세계관의 질서에 도달할 수 있습니다. 바로 이런 것이 이야기와 현실의 다른 점이죠. 현실의 사건들은 특정한 질서를 따라서 정렬한 도미노가 아니며, 주인공 한 명을 중심으로 설계되지도 않았으니까요. 하지만 이야기 속에서는 한 줄의 인과관계를 따라서 사건들이 벌어지며, 주인공이 결핍을 해결하기 위해 행동을 선택합니다.

- 〈인디아나 존스〉의 주인공 인디아나 존스는 성배를 찾고 있지만, 얻기가 매우 어렵다.
- 〈스타워즈〉 시리즈의 주인공 루크는 레아 공주를 구하고 싶지만, 구출이 매우 어렵다.
- 〈오즈의 마법사〉의 주인공 도로시는 집에 가고 싶어 하지만, 돌아가기가 매우 어렵다.
- 〈뷰티풀 마인드〉의 주인공 존 내쉬는 수학 연구가 좋지만, 연구자로 살기가 매우 어렵다.

'결핍된 대상을 간절히 추구하는 주인공을 어렵게 만들고 방해하는 것'이 바로 플롯의 역할입니다. 그러므로 이론적으로는 인물 없이 플롯이 존재할 수 없습니다. 물론, 실제 창작 현장에서는 주인공이 미정인 상태에서 플롯과 세계관을 먼저 설정할 때도 있습니다. 하지만 보통은 플롯, 인물, 세계관이 상호작용을 하면서 거의 동시에 만들어집니다.

예를 들면, 공간을 설계하면서 아스팔트 도로를 먼저 만든 뒤 보행로, 자전거 도로, 철로, 육상용 레인을 차례로 만든다고 합시다. 이는 우리 머릿속에 자동차와 자전거, 기차, 달리기 등에 관한 개념이 어느 정도 잡혀있기에 가능한 일이죠. 탈것에 관한 개념이 전혀 없는 상태로는 불가능한 일입니다. 기차라는 개념을 아예 모른다면, 아무리 상세한 설명서가 있더라도 제대로 된 철로를 만들기가 어렵습니다. 이와 마찬가지로, 주인공에 관한 개념이 제대로 정립되지 않은 상태에서는 이야기가 잘 굴러가지 않습니다. 철로 위에 자동차를 올려놓으면 제대로 움직이지 못하듯이 플롯은 주인공만을 위해 설계된 길이어야 합니다.

좋은 플롯은 특정한 주인공 앞에 필연적 사건들을 맞춤형으로 제공합니다. 사건들은 도미노처럼 인과의 흐름으로 연결되죠. 주인공이 결심하고 움직이는 순간 첫 번째 도미노 패가 넘어지면, 필연적인 인과관계에 따라 사건들이 연쇄적으로 벌어집니다. 주인공에게 주어지는 일련의 사건들과 결말은 철저하게 의도된 것으로, 세계관의 질서가 주인공을 훈련하며 성장하도록 돕는 과정입니다. 주인공이 수많은 사건을 겪으며 정답에 도달하게 하면서 작가의 메시지를 드러내는 겁니다. '주인공이 세계관의 메시지를 어떻게 성취하게 할 것인가?' '그 성취를 어떻게 방해하거나 도울 것인가?' 이런 고민을 바탕으로 사건들은 오로지 주인공을 위해 설계돼야 합니다. 이 사건들을 특정한 방식으로 연결한 것이 바로 플롯입니다.

14강

세계관 – 인물 – 플롯을 설계하는 6단계 구조

'플롯이란 메시지를 결핍한 주인공이 추구하는 궤적'이라고 앞에서 말했습니다. 지금부터는 전통적인 '3막 구조' 대신 다른 구조를 살펴보고자 합니다. '6단계 구조'는 원리와 내용 면에서 3막 구조와 비슷하지만, 세계관 – 인물 – 플롯이 한 몸이라는 사실을 좀 더 강조합니다.

1단계 어떤 세계 속 주인공은 결핍을 자각하는 순간 결심을 하고 돌아올 수 없는 강을 건넌다.

2단계 주인공이 선택한 행동은 사건의 연쇄를 부른다. 이 행동 궤적은 문제 풀이 과정이기도 하다.

3단계 문제의 함정에 빠져 오답을 선택한 주인공의 마음이 무너진다. 주인공 맞춤형 지옥이 펼쳐진다.

4단계 오답도 필요한 과정이었다는 사실을 깨닫고 다시 문제 풀이에 전념한다. 정답의 힌트는 오답의 뒷면에 있었다.

5단계 올바른 방법으로 문제를 풀어나간다. 이것이야말로 세계관의 문제 풀이 규칙이다.

6단계 드디어 엔딩에 도착한 주인공은 세계관의 질서(작가의 메시지)를 회복하고 결핍도 해소된다.

위의 내용을 기억하나요? 4장에서 세계관-인물-플롯의 긴밀한 구조에 관해 설명하면서 정리한 내용입니다. 이 기준을 따르며 새로운 이야기의 플롯을 차근차근 설계해 보겠습니다.

1단계: 어떤 세계 속 주인공은 결핍을 자각하는 순간 결심을 하고 돌아올 수 없는 강을 건넌다

① 어떤 세계 속 주인공은

먼저, 세계의 규칙과 이곳에 사는 주인공의 좌표를 설정하겠습니다. 세계가 창조된 원리, 즉 작가의 기획 의도에 따라 이곳에서 주인공의 좌표가 어디쯤일지를 정합니다. 주인공은 '세계관의 질서'를 결핍한 상태이므로, 좌표를 잘 설명하면 주인공의 결핍이 무엇인지 대략 보입니다. '이러한 세계관에서, 이러한 주인공은, 이런 것이 결핍된 상태다.'라는 사실이 드러나죠. 굳이 지문이나 대사로 설명할 필요는 없습니다. '이 주인공이라면 이런 계기에 움직일 것 같다.'라는 인상을 줄 수만 있으면 됩니다.

미국 드라마 〈하우스 오브 카드〉의 주인공은 출세 지향적인 정치인입니다. 그는 교통사고를 당한 개를 보고 병원에 가 봐야 살릴 수 없다고 판단한 뒤 아무도 안 볼 때 자기 손으로 죽입니다. 그러고는 그 개의 주인을 매우 능숙하게 위로하는 장면으로 드라마가 시작됩니다. 주인공 캐릭터를 단번에 보여주는 오프닝입니다. '이렇게 비정한 사람이라면 오로지 출세를 위해서 계산적으로 움직이겠구나!' 이런 인상을 줍니다. 앞으로 주인공이 아무리 비인간적인 일을 저질러도, 좌표를 이미 보았기 때문에 납득이 됩니다. '이 사람은 지능이 높은 사이코패스라 성공 말고는 즐거움을 모르는구나.'하고 말이죠. 승리만이 전부인 냉혹한 정치의 세계에서 주인공의 좌표는 '대통령이 되기를 갈망하는 가장 비정한 자'입니다. 그러므로 우리는 주인공이 목적을 위해서 앞으로 얼마나 악해질지 지켜보게 됩니다. 실제 작품에서 주인공의 좌표는 다음과 이 '어떤 세계관 속에서 어떤 위치에 놓인 인물'로 설명됩니다.

- 주인공 A는 미신이 지배하는 사회에서 미신이 아닌 과학을 믿는 탐정이다. 주인공 A의 믿음에 끊임없이 도전하는 어려운 미스터리가 나타날 것이다.
- 주인공 B는 우주개발이 한창인 나라에서 우주망원경을 수리하는 엔지니어이다. 딸을 잃은 아픔을 품고 있고, 지구에 있기 싫어서 우주 업무에 지원했다. 주인공 B는 우주에서 지구로 돌아갈 이유를 고민하게 될 것이다.
- 미국에서 고고학자가 존경받는 직업이던 한때, 주인공 C는 유적과 유물을 너무 사랑한 나머지 고고학자가 됐다. 주인공 C는 모험심을 자극하는 소식들을 접할 것이다.
- 15~16세기 대항해시대, 주인공 D는 신출귀몰하기로 유명한 해적 선장이다. 그런데 그만 악명 높던 해적선을 잃고 빈털터리가 됐다. 주인공 D는 그의 해적선을 되찾을 수 있을지도 모르는 기회를 발견할 것이다.
- 과학수사도 인권 개념도 미진하던 시대, 주인공 E는 억울

하게 범죄자로 몰려 감옥에 갇혔다. 주인공 E는 그 가능성이 보이는 순간 진지하게 탈옥을 고민할 것이다.
- 주인공 F는 '홍콩 드림'을 꿈꾸며 홍콩에 온 가난한 중국인이다. 홍콩에서 기회를 잡아서 돈을 잔뜩 벌어 '홍콩 사람'이 되기를 꿈꾸지만, 홍콩은 너무 낯설고 외로운 곳이다. 주인공 F는 공감할 수 있는 인물을 만나면 기대고 싶어질 것이다.

② 결핍을 자각하는 순간

이야기의 어떤 지점에 이르면 주인공에게 도발적·자극적·계기적인 사건이 외부에서 닥쳐옵니다. 이 순간 주인공은 어떤 요구·욕망·욕구를 갖게 됩니다. 작법에서는 이것을 '극적 요구 Dramatic Needs'라고 부릅니다. 이 요구로 인해 드라마가 추동되기 때문이죠. 주인공이 당장 뭔가를 선택하도록 자극받는 순간을 가정해 봅시다. 외부에서 닥친 계기적 사건 때문에 주인공의 결핍이 자극되어 뭔가를 추구하는 요구가 생기는 겁니다. 외부에서 날아온 소행성처럼 주인공에게 충돌해서 그의 결핍을 자극한 거예요.

- 귀신이 곡할 노릇인 사건을 의뢰하겠다고 의뢰인이 찾아

왔다. 미신을 믿지 않는 탐정인 주인공 A는 이 의뢰가 몹시 흥미로워서 사실을 알고 싶다.
- 주인공 B는 불의의 사고로 우주에 홀로 남겨졌다. 살고 싶다.
- 주인공 C는 고고학적 가치가 어마어마한 역대급 유물의 소식을 접했다. 꼭 찾고 싶다.
- 주인공 D는 그의 해적선을 빼앗아 간 놈들에게 제시할 만한 협상 카드를 우연히 발견했다. 놈들이 찾던 인물을 이용하여 해적선을 되찾고 싶다.
- 주인공 E는 우연히 감옥의 허점을 발견했다. 이 허점을 공략해서 탈출하고 싶다.
- 주인공 F는 우연히 비슷한 처지의 중국인을 발견했다. 그녀와 너무 잘 맞고 큰 위로가 돼서 계속 함께 있고 싶다.

이런 식으로 주인공은 외부 사건에 의해 결핍을 추구하는 극적 요구를 갖게 됩니다. 이때의 사건은 주인공에게 유난히 도발적이고 결핍을 자극하며 변화의 계기가 됩니다. 고고학자가 아닌데 고고학적 가치가 뛰어난 유물 소식을 접하거나, 해적이 아닌데 악당들이 노리는 보물상자의 열쇠를 찾는 사건은 아무 의미가 없습니다. 계기적 사건은 여타 사람에게는 별 의미가 없지만, 유독 주인공에게는 도발적이고 자극적이며 도저히 외면할 수 없는 일입니다. 즉, 주인공의 결핍에 딱인 맞춤형 자극인 거죠. 그러므로 작가는 주인공의 결핍을 확실히 알고 사건을 설계해야 합니다. 다시 말해, 플롯은 캐릭터 없이 만들 수 없다는 뜻입니다.

③ 결심을 하고 돌아올 수 없는 강을 건넌다
이제 결핍된 것을 추구하겠다고 결심하는 시점입니다. 이 단계의 결심은 그냥 '마음먹는' 수준이 아닙니다. 한번 결심하면 다시는 이전으로 돌아갈 수 없을 정도로 강력한 선택 행위가 발생합니다. 번복할 수 없는 상태가 되고 퇴로가 막힙니다. 강을 건너버리는 겁니다. 주인공이 돌이킬 수 없는 선택을 하면 이야기가 독자의 멱살을 잡아챕니다. 불륜 로맨스라면 사고부터 치는 식이죠. '주인공의 선택이 과연 괜찮을까?' '주인공이 원하는 대로 전개가 흘러갈까?' 독자는 궁금해지기 시작합니다.
이렇게 독자의 호기심을 자극하며 전개가 흥미진진해지려면, 주인공의 선택과 계획이 뚜렷하게 보여야 합니다. 설령 주인공이 떠밀리다시피 강을 건너더라도 한번 결심하면 다시는 우유부단하게 망설이면 안 됩니다. 계획이 잘 보이지 않는 상태에서 주인공에게 맥락 없이 닥치는 일들은 하나하나가 아무리 재밌어도 독자의 흥미를 크게 끌지 못합니다. 이젠 그의 계획을 보여줘죠. 주인공의 결심과 능동적인 선택에 대해 독자의 머릿속에서 그림이 그려지는 겁니다. 주인공이 계획을 뚜렷하게 보여주는 순간, 이야기에 대한 호기심과 흥미가 마법처럼 일어납니다. 계획이 무엇이든지 간에 주인공의 선택이 과연 그의 계획대로 실행될지 궁금해지는 호기심에 저항하기 어렵습니다. 이야기의 세계에서 주인공의 계획은 마치 치트키처럼 작용합니다. 주인공의 계획이 드러나는 순간이 보물 지도의 암호가 풀리는 바로 그 순간이기 때문입니다. 암호까지 풀린 보물 지도에 대한 호기심과 흥미로움은 그 누구도 이기지 못합니다.

꼭 거창한 계획일 필요는 없습니다. 목숨이 위협받는 상황에서 안전한 곳을 찾겠다는 단순한 계획도 좋습니다. 스티븐 킹의 소설 『샤이닝』속 폭설로 고립된 호텔에서 미쳐가는 남편으로부터 도망쳐야 하는 아내 웬디와 그녀의 아들 대니가 여기에 해당합니다. 스티븐 킹의 또 다른 작품 『미저리』에서는 사이코패스 연쇄살인마 팬에게 납치된 작가 폴 셸던이 그렇습니다. 미국 드라마 〈덱스터〉에서 연쇄살인마 덱스터가 누군가를 죽여야겠다고 계획하는 순간, 시청자는 그 계획이 성공할지 궁금해집니다. 미국 드라마 〈프리즌 브레이크〉에서는 누명을 쓴 형을 탈옥시키겠다고 결심하고 스스로 교도소의 죄수가 되는 마이클의 계획이 과연 성공할지 눈을 뗄 수 없습니다. 영화 〈나를 찾아줘〉(2014)에서는 주인공인 남편을 범인으로 몰기 위해 납치 계획을 세우는 빌런 아내의 계획이 긴장감을 줍니다.

더 나아가, 처음부터 끝까지 이야기의 중심이 매력적인 계획 그 자체인 흥미진진한 작품들도 있습니다. 〈트레인스포팅〉(1996), 〈오션스 일레븐〉(2001), 〈범죄의 재구성〉(2004), 〈도둑들〉(2012), 〈아메리칸 허슬〉(2013) 같은 하이스트Heist 장르 영화들은 범죄 계획에 집중합니다. 대니얼 디포의 소설 『로빈슨 크루소』와 쥘 베른의 소설 『15소년 표류기』 같은 서바이벌 장르물이 인기 있는 이유는 문명이 없는 곳에서 살아남기 위한 구체적인 계획들이 신기하고 흥미롭기 때문입니다. 계획이 뚜렷하게 드러나는 이야기는 이토록 강력합니다.

심지어 그 계획이 메인 플롯과 큰 관계가 없어도 놀랍게도 효과가 있습니다. 존 맥티어넌 감독의 액션 영화 〈다이 하드 3〉(1995)에서 주인공 존 맥클레인 경위는 별거 중인 아내에게 전화를 걸어 화해할 계획이었습니다. 그러나 갑작스레 테러 위협이 발생하죠. 그는 테러범과 대결하면서 맞고 구르고 질주하고 시한폭탄을 해체하며 급박한 와중에도 틈만 나면 아내에게 전화를 걸어서 대화를 이어갑니다. 아내가 자신의 직업을 걱정하지 않도록 아무 일도 없는 척을 하면서 통신 상태가 안 좋아서 전화가 자꾸 끊긴다고 하죠. 메인 플롯은 경찰과 테러범의 대결이지만, 아내와 화해하겠다는 그의 계획이 잘 될지, 혹시 아내에게 다 들켜서 혼나는 건 아닌지 걱정하면서 초조하게 지켜보게 됩니다. 이야기 속의 계획에는 이런 힘이 있습니다. 일단 주인공의 계획을 알고 나면 성공할지 호기심이 생기고 시청이나 독서를 멈추기 어려워지며 다음 장면으로 빠르게 넘어가게 되죠.

2단계: 주인공이 선택한 행동은
사건의 연쇄를 부른다

결심 끝에 선택한 일을 진행하고자 하지만 상황이 점점 어려워집니다. 갈수록 태산, 엎친 데 덮친 격, 첩첩산중, 설상가상, 점입가경의 상황입니다. 시나리오와 장르문학에서는 이야기를 인물들의 관념적 갈등이 아니라 행동으로 보여줘야 하는데요. 그 진수가 바로 '전개'에 있습니다. 전개 단계에 해당하는 사건은 단 하나가 아닙니다. 사건들이 점점 어려워지며 연쇄적으로 나타나죠. 이때 사건들은 아리스토텔레스 시절부터 반복된 조언을 따라야 합니다. 우연한 사건들이 산발적으로 터지는 식이 아니라, 앞 사건과 뒷 사건이 인과의 흐름으로 연결돼야 합니다.

첫 사건이 터지면 도미노처럼 연쇄적으로 다음 사건들이 벌어지겠죠. 눈덩이처럼 점점 불어날 겁니다. 첫 사건을 해결한 결과, 더 큰 사건이 벌어집니다. 이것이 바로 '한번 관객/독자의 멱살을 잡으면 끝까지 안 놔준다.'라는 말의 진정한 의미입니다. 〈브레이킹 배드〉에서 주인공 월터가 마약을 만들어 팔겠다고 결심하고 어둠의 세계에 발을 들이는 선택을 하는 순간 빌런들이 연달아 나타납니다. 점점 더 끔찍한 빌런이 등장하는 이유는, 이전 빌런을 해결하면서 발생한 필연적인 결과인 셈이죠. 눈앞의 문제를 해결하려고 발버둥 칠수록 수렁에 더 깊이 빠져드는 구조입니다. 결국, 연쇄적으로 일어나는 사건들은 주인공이 행동한 궤적이자, 정답을 찾아가는 문제 풀이 과정이 됩니다.

3단계: 문제의 함정에 빠져 오답을 선택한
주인공의 마음이 무너진다

주인공이 완전히 좌절하는 지점입니다.

그 전까지도 주인공의 상태는 뭘 하려고 해도 잘 안되고, 계속 어려워지고 있긴 했어요. 그런데 이 단계에서는 질적으로 다른 어려움이 찾아옵니다. 물리적 어려움을 초과해서 정신적으로 지옥이 펼쳐집니다. '이렇게 될 줄 알았으면 시작하지 않았을 텐데.'라는 말이 나오고야 맙니다. 주인공은 시작 시점보다 근본적으로 더 나빠진 상태가 됩니다. 마음이 꺾인 상태이죠.

〈브레이킹 배드〉의 월터는 암에 걸렸고 몇 개월 내로 죽습니다. 그런데 가족이 걱정이죠. 하나밖에 없는 아들은 뇌성마비를 갖고 있지만 대학에 보내주고 싶습니다. 의료 체계가 엉망인 미국에서 암이라니, 얼마나 많은 치료비가 들까요? 자신이 죽더라도 가족이 경제적으로 붕괴하지 않았으면 해서 마약을 한탕 팔고 빠지려고 했는데, 오히려 월터 때문에 가족의 목숨이 위험에 처했습니다. 월터의 가족은 사람들의 미움을 받고 뿔뿔이 흩어지고 말죠. 가족을 위해서 시작한 일이 가족을 망가뜨려 버렸습니다. 그런데 월터는 정말 '가족을 위해서' 악행을 저지른 게 맞을까요? 사실 그에게는 강력한 결핍이 있었습니다. 그리고 '시한부니까', '가족을 위해서'라는 그럴싸한 변명이 생긴 순간 스스로 유혹에 뛰어들었다는 사실을 깨닫게 됩니다. 결국 월터는 자기 자신을 위해서 타락한 것이었습니다.

다른 이야기도 있습니다. 아내가 바람을 피운다고 합니다. 아프리카 무어인인 내가 백인 사회에서 인정받으려고 얼마나 노력했는데, 베네치아인 아내도 그간 나를 열등하게 여긴 게 분명합니다. 결국 분노를 참지 못하고 아내를 죽입니다. 그 후, 모든 것이 나를 질투한 자의 이간질 때문이라는 사실을 알았습니다. 그런데 정말 악당의 이간질 때문에 내 삶이 무너진 걸까요? 아닙니다. 아내를 믿지 못해서 그녀를 죽이고 내 삶을 망가뜨린 것은 내 열등감 때문이었습니다. 바로 이 열등감이 나, 오셀로의 하마르티아입니다. 나는 내 열등감 때문에 가장 사랑하는 사람을 내 손으로 죽이고 말았습니다. 이간질을 한 자보다 거기에 속은 내가 더 형편없는 최악의 인간입니다. 이것이 바로 윌리엄 셰익스피어의 희곡 〈오셀로〉의 내용이죠.

또 다른 이야기를 볼까요? 세상이 좀비 천지가 되면서 어린 딸을 잃었어요. 그 고통 때문에 누구에게도 정을 주지 못한 채 살아가고 있었죠. 기쁨이나 즐거움을 느끼지 못하는 냉혈한이 돼버렸습니다. 그런데 우연히 어린 소녀를 만나요. 죽은 딸과 나이가 비슷한 또래이죠. 처음에는 보는 것조차 싫고 화가 나요. 그러나 임무를 같이 하면서 서서히 소녀를 아끼는 마음이 들죠. 이 아이에게 강력한 면역력이 있어서 연구소로 데려가면 인류를 구할 백신도 만들 수 있다고 하니까요. 그런데 연구실에 도착하니 면역세포를 추출하려면 소녀를 죽여야 한대요. 나는 이제 어떤 선택을 해야 하죠? 게임 〈더 라스트 오브 어스〉의 내용입니다.

오답 앞에 선 주인공의 마음은 지옥입니다. 그야말로 '맞춤형 지옥'이죠. 주인공 같은 인물에게 딱 맞춘 최악의 상태입니다. 지옥이라고 해서 불행의 규모가 매우 크거나 극단적일 필요는 없습니다. 다만, 주인공 같은 결핍을 가진 인물에게는 효과적으로 마음이 무너지는 사건이 일어나면 되죠. 주인공이 근본적인 회의를 느끼면서 내면을 갉아먹는 감정에 사로잡히면 그의 정신세계가 붕괴합니다. 그리고 결핍된 것을 얻지 못하거나 자신이 추구해 온 답이 틀렸다는 사실을 깨닫습니다.

맞춤복을 만들려면 옷 주인의 신체 치수를 잘 알아야 하죠. 이처럼 주인공의 결핍을 처음부터 정교하게 꿰고, 그에 맞춰 준비하는 것이 맞춤형 지옥입니다. 이 단계에서 주인공의 결핍과 열등감이 무엇인지 전부 밝혀집니다. 그간 결핍의 정체가 어른거리더라도 주인공이 필사적으로 숨기며 여기까지 왔는데 이제 더는 숨길 수 없게 된 거죠.

4단계: 오답도 필요한 과정이었다는 사실을 깨닫고 다시 문제 풀이에 전념한다

지옥에서 고통받던 주인공은 오답 카드의 뒷면에서 정답을 찾는 힌트를 발견합니다. 오답을 받아든 순간 모든 노력이 헛수고로 돌아간 줄 알았는데, 오답 역시도 정답을 향한 문제 풀이 과정의 일부였던 거죠. 주인공은 다시 문제 풀이 과정으로 돌아가기로 결심합니다.

이렇게 주인공은 함정을 극복해야 진짜 메시지에 도달할 수 있습니다. 주인공이 세계관의 규칙에 따라 문제를 풀다가 함정에 빠지지만, 그 과정에서 진짜 힌트를 얻고 최종적으로 세계관의 메시지에 도달하는 것이 스토리텔링의 기본 설계입니다. 이때 함정은 자기 자신으로부터 비롯하는 경우가 많습니다. 주인공의 미숙함, 오판, 오해, 정보·리더십·전략·의지 부족, 타인에 대한 과신 등이 하마르티아가 됩니다.

앞에서 저는 플롯 설계를 보물찾기 게임에 비유했습니다. 여러분이 게임 개발자라고 생각해 보세요. 스테이지를 설계한 뒤 규칙을 만들고 레벨을 디자인할 겁니다. 플레이어가 시행착오를 겪지 않고 단번에 보물을 얻고 엔딩을 보기를 바라나요? 이런 시시한 게임을 만들려는 게 아니라면 함정을 설치해야 합니다. 주인공이 추구해야 하는 진짜 메시지를 오해하도록 '가짜 보스전'을 교묘하게 배치하는 겁니다. 함정에 빠진 플레이어는 잘못된 전략과 목표를 설정한 뒤 게임 속에서 헤매게 됩니다. 고생 끝에 얻은 상자는 꽝이죠. 분노와 좌절을 겪은 플레이어는 조이스틱을 쾅쾅 두들기거나 마우스를 던진 뒤 지금까지의 플레이를 곰곰이 되짚어 봅니다. 그러고는 드디어 어떻게 해야 진짜 엔딩을 볼 수 있을지를 깨닫습니다. 무심코 지나갔던 스테이지들과 지금의 함정 스테이지에 힌트가 숨어있었죠. 힌트를 알아본 플레이어는 전략을 수정하고 다시 도전하여 진짜 보물상자를 찾습니다. 이렇게 발견한 보물상자 속에는 작가의 메시지, 즉 세계관의 질서가 담겨있습니다.

이야기의 세계도 마찬가지입니다. 진짜 메시지에 도달하기에 앞서 주인공을 함정에 빠지게 만듭니다. 초반부에 주인공은 '함정 목표'를 추구합니다. 그러나 기대했던 결과를 거두지 못하고 '내 결핍은 결코 채워질 수 없나?'라면서 지옥에 처박혀 좌절합니다. 그러다가 처음부터 함정에 빠져있었다는 사실을 눈치채죠. 주인공이 손에 쥔 것은 오답이 아니라 정답을 향한 힌트였습니다. '오답 다음의 정답'은 여러 형태로 나타납니다. 처음에 실패했다가 두 번째 시도에 성공하는 단순한 형태일 수도 있고, 분노와 용서의 형태일 수도 있습니다. 잘못된 결혼과 진짜 사랑, 오해와 진실, 거짓과 각성 등 다양한 형태가 가능합니다. 아무튼 이제 주인공은 전략을 다시 세우면 된다는 사실을 알았으므로 결핍을 채울 수 있습니다. 그래서 문제 풀이를 계속 이어가기로 결심합니다. 그 결과, 세계관에 숨어있는 정답 메시지에 도달하죠. 독자는 처음에 설치된 함정이 정답이라고 믿고 이야기를 따라오겠지만, 중간에 이 믿음을 배신당할 겁니다. 그러고 나면 이야기의 결론을 쉽게 예측하지 못하게 됩니다.

- 함정: 딱 맞는 조각을 찾으면 완전한 동그라미가 돼 행복해질 것이다.
- 오답: 온갖 고생 끝에 딱 맞는 조각을 찾는 데 성공했지만 행복하지 않았다.
- 정답: 그 조각을 내려놓음으로써, 자신은 이미 온전했다는 세계관의 정답 메시지를 깨닫는다.

전체 이야기에서 주인공은 삶의 방향을 바꿀 정도로 큰 결심을 두 번 정도 합니다. 외부의 사건 때문에 돌아올 수 없는 강을 건너기로 결심하는 지점이 첫 번째입니다. 그리고 오답 때문에 마음이 무너졌다가 다시 문제를 풀기로 결심하는 바로 이 지점이 두 번째입니다. 이 단계가 없으면 주인공은 성장하지 못합니다. 이때 주인공은 내면의 지옥을 극복하기 위해 큰 결심을 하니까요. 신념과 가치관의 붕괴를 극복하고 앞으로 나아가겠다는 선택은 '인물의 성장 그래프'를 큰 기울기로 뻗어나가게 만듭니다.

조지 밀러 감독의 〈매드맥스: 분노의 도로〉(2015)를 보겠습니다. 아포칼립스 세계를 살아가는 퓨리오사는 낙원을 결핍한 인물입니다. 그녀는 독재자에게 착취당하는 여자들을 구해서 녹색의 땅으로 도망치려고 합니다. 이것이 첫 번째 결심이죠. 고생 끝에 녹색의 땅에 도착하지만 퓨리오사가 기억하던 낙원의 모습은 이미 사라졌고, 이제 지구에 낙원이 단 한 곳도 남아있지 않다는 사실을 깨닫습니다. 녹색의 땅에 가면 행복해진다는 믿음은 함정이었습니다. 이 세계관의 규칙이 '녹색의 땅으로 도망치면 낙원에서 살 수 있다.'인 줄 알았는데, 그 문제를 풀었더니 '낙원은 없었다.'라는 오답 카드를 받았습니다. 주인공이 세계관의 규칙과 메시지를 오해한 겁니다.

퓨리오사가 좌절하는 장면이 영화에서 유독 길게 나오는 이유는 무엇일까요? 바로 주인공의 내면이 무너지는 맞춤형 지옥 구간이라서 그렇습니다. 주인공이 제대로 된 전략을 세우려면 아픔을 통해 성장해야 합니다. 오답을 받아들고 내면이 무너지는 구간을 통과하면서 퓨리오사는 '낙원이란 그렇게 쉽게 남에 의해 주어지는 것이 아니며, 내 손으로 일궈내는 것이다.'라는 세계관의 질서를 깨닫습니다. 그렇다면 정답에 도달하는 진짜 규칙은 무엇일까요? 착취의 땅을 무너뜨리고, 그곳에 직접 낙원을 세우는 겁니다. 그리하여 마침내 퓨리오사는 원래의 땅으로 돌아가 독재자를 처단하고 그곳을 희망의 땅으로 만들기로 결심합니다. 이것이 두 번째 결심입니다.

- 함정: 녹색의 땅으로 도망치면 행복한 낙원이 기다리고 있을 것이다.
- 오답: 녹색의 땅으로 도망쳤지만 낙원의 모습은 이미 사라졌다.
- 정답: 독재자를 처단하고 스스로 낙원을 만들어야 한다.

이번엔 〈기쿠지로의 여름〉을 다시 봅시다. 주인공 마사오가 외로운 이유는 엄마가 없어서죠. 엄마는 오래전에 돈을 벌겠다고 집을 나갔어요. 마침 여름방학도 시작됐고 엄마가 있다는 곳의 주소도 알고 있으니 그곳으로 찾아가겠다는 결심을 합니다. 남들은 다 가족과 휴가를 가는 와중에 엄마를 만나지 못하는 주인공의 외로움이 결핍입니다. 마사오는 엄마가 돌아오면 이 결핍이 해결된다고 생각하죠. 이것이 함정입니다. '외로움이란 결핍을 해소하려면 엄마가 필요하다.'라는 함정 메시지이죠.

그러나 마사오는 우여곡절 끝에 도착한 곳에서, 엄마가 재혼해서 이미 다른 가족을 꾸린 모습을 봅니다. 그야말로 내면이 무너지는 듯한 경험이겠죠. 엄마에겐 마사오가 이미 필요하지 않았던 겁니다. 그러나 한편으로 마사오는 맞춤형 지옥 후에, '옆에 있는 건달 아저씨가 내 친구가 됐다.'라는 사실을 알게 됩니다. 결국 소년은 집으로 돌아오기를 선택합니다. 이제 엄마의 빈자리를 극복하고 자라야 하니까요. 이것이 두 번째 결심이자, 진짜 규칙입니다. 소년은 엄마를 만나지 않고 포기한 채로 돌아와야 하죠. 이 두 번째 결심은 주인공을 성장시키고, 나아가 이야기의 진짜 메시지와 연결됩니다.

외로운 소년이 엄마와 재회한다는 것이 이 세계관의 메시지가 아닙니다. 진짜 메시지는 '소년의 외로움은 특정인의 부재 때문이 아니다. 주변 사람들을 둘러보면 스스로 풍요로워질 수 있다. 소년이 성장하면 외로움을 극복할 수 있다.'입니다. 엄마를 찾아가겠다는 결심은 잘못된 풀이법이었습니다.

소년은 세계관의 메시지를 오해했기에 함정에 빠진 겁니다.

픽사 애니메이션 〈업〉(2009)의 주인공 칼은 어떨까요? 칼은 아내 엘리를 잃고 모든 감정이 탈색된 할아버지입니다. 그의 소원은 파라다이스 폭포에 가고 싶어 했던 엘리를 위해 그곳으로 집을 통째로 가져가는 겁니다. 곳곳에 엘리의 흔적이 묻어있는 이 집은 엘리 그 자체입니다. 그래서 칼은 풍선에 집을 매달고 길을 떠나죠. 이 여정에 우연히 소년 러셀과 개 한 마리가 동행합니다. 그리고 우여곡절 끝에 칼은 러셀을 구하기 위해 도중에 집을 버리고 돌아옵니다.

모험심이 강했던 엘리와 여행 한 번 못 했던 칼은 인생에 후회가 가득했습니다. 그래서 집을 파라다이스 폭포까지 가져가면 죽은 아내의 소원을 조금이나마 이뤄줄 수 있다고 믿었죠. 그러나 알고 보니 아내가 남긴 메시지는 '함께 모험해 줘서 고마워. 이제 당신은 새로운 모험을 즐겨!'라는 것이었습니다. 엘리는 칼과 결혼해서 인생이란 모험을 이미 충분히 즐겼다고 합니다. 그 덕분에 칼은 집을 포기하고 새 친구인 러셀과 개를 데리고 돌아와 새로운 삶이라는 모험을 맞이할 수 있었습니다. 모험의 의미를 오독하고 후회에 잠겨 살던 주인공이 마침내 이 세계의 진정한 메시지를 깨닫는 순간입니다. '사랑하는 사람과 함께하는 모험'에 집착하던 주인공은 결핍을 채우기 위해 집을 뜯어내지만, 그는 이미 아내와 함께 완벽한 모험을 즐긴 뒤 새로운 모험을 기다리는 중이었습니다.

그런데 왜 퓨리오사는 녹색의 땅으로 떠나기 전에 독재자를 처단하고 이 땅을 낙원으로 만들 생각을 못 했을까요? 왜 칼은 집을 뜯어내기 전에 '인간의 삶이 곧 모험'이라는 사실을 깨닫지 못했을까요? 왜 틸틸과 미틸은 집에 돌아온 뒤에야 파랑새가 집에 있었다는 사실을 눈치챘을까요?

주인공이 세계관의 메시지를 오해하여 함정에 빠지는 이유는 그가 미숙하거나, 정보가 부족한 상태이거나, 아직 그릇이 작아서입니다. 충분히 성장하지 못했기에 자신이 진정으로 원하는 목표와 필요한 전략을 잘못 진단하는 겁니다. 여정을 거치면서 오답을 받아 좌절하고 지옥을 겪고 성찰한 뒤에야 세계관의 진짜 메시지를 찾아낼 역량을 갖추는 법입니다.

플롯은 주인공이 밟아 간 변화의 궤적입니다. 주인공은 함정을 극복하고 세계관의 진짜 메시지를 흡수하면서 성장하죠. 그러므로 엔딩에 도착한 주인공은 시작점의 주인공과 다른 사람이 돼있어야 합니다. 헤르만 헤세의 소설 『데미안』의 그 유명한 구절을 여기에 인용해 보겠습니다.

새는 알에서 나오기 위해 투쟁한다. 알은 세계이다. 태어나려고 하는 자는 누구든 하나의 세계를 파괴해야 한다. 새는 신을 향해 날아간다. 그 신의 이름은 아브락사스이다.

지금까지 새의 세계였던 알이 파괴됐습니다. 이제 새는 '신을 향해 날아간다.'라는 두 번째 결심을 합니다.

5단계: 올바른 방법으로 문제를 풀어나간다

문제 풀이의 진짜 규칙을 깨닫고 제대로 문제를 풀어나가는 클라이맥스 지점입니다. 지옥에서 성장한 주인공이 마침내 돌아왔습니다. 클라이맥스답게 극적인 재미도 상당합니다. 빌딩이 무너지고, 차가 뒤집히고, 총격전이 벌어지고, 라이벌끼리 최후의 결전을 벌이고, 일생일대의 승부수를 띄우고, 비행기를 타고 떠나려는 연인을 잡으러 달려갑니다. 가장 스릴 넘치는 액션이나 최고로 긴박한 상황이 나올 가능성이 크죠. 그러나 주인공의 내적 갈등은 거의 없는 상태입니다. 자신을 바꿀 결심을 끝냈기에, 이 세계관의 규칙을 이해했기에, 진짜 질서와 메시지를 알아차렸기에, 클라이맥스는 주인공의 결심을 수행하는 구간으로 이야기의 절정을 차지합니다. 상황은 최악이고 스릴은 최고조이지만 마음 속에 후회 한 점 없는 상태라고 생각하면 됩니다. 〈매드맥스: 분노의 도로〉에서 마음의 정리를 끝낸 퓨리오사는 원래의 땅으로 돌아갑니다. 그러고는 독재자를 처단하는 호쾌한 클라이맥스 액션이 펼쳐지죠. 관객이 가장 신나는 순간입니다. 마사오는 이제 친구가 된 건달 아저씨 기쿠지로와 함께 집으로 돌아오면서 진정한 치유와 성장의 여정을 경험합니다.

6단계: 드디어 엔딩에 도착한 주인공은 세계관의 질서를 회복하고 결핍도 해소된다

마침내 주인공은 세계관의 질서를 손에 넣습니다. 처음에 생각했던 것과는 다른 모습일지라도 주인공의 결핍이 해소됐는지에 대한 답이 나옵니다. 주인공은 결핍에 대한 추구를 포기하거나 성공적으로 끝마친 다음, 자신이 이룬 것이 무엇인지 비로소 깨닫습니다. 진실한 깨달음의 순간이죠. 나타냄, 드러냄, 계시, 뜻밖의 사실 등이 기다리고 있습니다. 깨달음이 꼭 예측불허의 반전을 줄 필요는 없습니다. 주인공이 작가의 메시지와 세계관의 질서를 진정으로 깨닫는 것으로 충분합니다.

「길가메시 서사시」에서 길가메시는 우트나피슈팀을 만나 영생의 비밀을 묻습니다. 우트나피슈팀은 '죽음은 마치 잠과 같아서 네가 잠을 참을 수 없듯이 죽음의 습격도 이겨낼 수 없다.'라고 합니다. 잠을 받아들이듯 죽음도 그저 받아들이라고 하죠. 영생의 비밀을 알고자 했던 길가메시는 죽음에 관해 배웁니다. 〈매드맥스: 분노의 도로〉에서 퓨리오사는 '내가 변하지 않으면 세계도 변하지 않는다.'라는 세계관의 질서를 깨닫고 독재자의 손에서 시타델을 해방합니다. 〈업〉에서 칼은 아내 그 자체였던 집을 포기하지만, 새 친구 러셀을 통해 '앞으로도 소중한 사람과 새로운 관계를 맺을 수 있다.'라는 사실을 알게 됩니다. 집은 집이고, 과거는 과거일 뿐입니다. 이제 칼은 앞으로 나아갈 수 있습니다. 〈기쿠지로의 여름〉에서 마사오는 '내가 외로운 이유는 엄마를 결핍해서가 아니라 성장을 결핍해서다.'라는 메시지를 깨닫고 내면적 성장을 경험합니다.

15강 사랑받고 살아남은 플롯의 6가지 원형

지금까지 인물의 결핍으로부터 세계관과 플롯을 구축하는 방식을 살펴봤습니다. 보편적으로 공감하기 쉬운 결핍을 몇 종류로 정리할 수 있듯이, 보편적으로 사랑받는 플롯 역시 몇 갈래로 추릴 수 있습니다. 세상에 존재하는 수많은 이야기에는 그 중심을 관통하는 플롯이 있습니다. 이러한 플롯의 '원형'을 분석한 것이 플롯 이론과 작법입니다. 오랫동안 사랑받은 이야기의 구조를 분석하고 이해하는 안목을 기르는 일은 재밌는 이야기를 창작하기 위한 훈련도 되지만, 우리와 같은 '이야기 인류'를 이해하는 길과 맞닿아 있기도 합니다.

플롯 종류는 이론가마다 주장하는 바가 각양각색입니다.

그 가운데 로널드 B. 토비아스는 『인간의 마음을 사로잡는 스무 가지 플롯』에서 20가지 플롯으로 이야기들을 분석했죠. 창작자들 사이에서 꽤 유명한 이 책은 플롯에 관한 분석과 당장 활용할 수 있는 실용적 기술을 두루 담은 작법서입니다. 그런데 이 책에는 단점이 하나 있습니다. 연극학과 교수인 토비아스가 대학에서 수업한 내용을 바탕으로 만든 책이다 보니, 연극학과 학생들이라면 기본으로 알고 있을 내용은 자세히 설명하지 않습니다. 강의록이라는 한계도 있지만, 한국에서는 생소한 작가, 고전 영화나 연극 제목을 툭툭 언급해서 한국인들에게는 잘 와닿지 않을 수 있습니다. 그래서 관련 학과 전공자가 아니라면 이 책을 이해하기가 좀 어려울 겁니다. 또한, 매우 오래전에 창작된 전래동화와 신화의 플롯도 별도로 구분해서 분석했는데, 이 내용은 현대적 서사에 바로 적용하기가 쉽지 않아 보입니다.

저는 토비아스 교수의 이론을 토대로 플롯을 크게 여섯 갈래로 나누어 설명하려고 합니다. 여기서 그 뿌리들을 분석하면서 필요에 따라 하위 플롯을 추가하겠습니다. 그리고 토비아스 교수가 예로 든 작품들 대신 우리가 잘 아는 작품들을 소개하겠습니다. 제가 제시하는 플롯의 원형은 총 6가지입니다.

- 결핍을 향한 여정
- 도플갱어와의 대결
- 극적인 성장
- 사랑의 덫
- 운명적 선택
- 질서의 회복 혹은 파괴

이야기를 설계하는 플롯의 원형을 다음 장에서부터 하나씩 소개하겠습니다.

16강   원형 1:
　　　　　　　　결핍을 향한 여정

모험 끝에
회복된 질서

　　　　　　우리가 사랑하는 상당수의 이야기가 주인공의 결핍에서 시작합니다. 현실의 우리는 늘 무언가가 부족하다는 감각을 안고 살아가죠. 사랑이든 돈이든, 결핍된 것을 추구하는 염원은 인간이 삶을 살아가는 원동력이 됩니다. 책을 읽고 지식을 쌓거나, 소개팅에 나가거나, 회사를 창업하는 등 여러 가지 방법으로 결핍을 채울 수 있겠죠. 하지만 가장 확실한 방법은 결핍된 것을 좇아 세상 밖으로 물리적인 모험을 떠나는 겁니다. 지금부터 모험 서사에 대해 알아보겠습니다.

'모험을 통해 결핍된 것을 추구한다.'라는 플롯은 인류의 서사 본능이 가장 원초적으로 구현된 결과물입니다. 인류 역사상 가장 오래된 플롯이죠. 동서고금을 막론하고 인생을 하나의 여정으로 여겨왔듯이, 이야기의 세계에서 모험은 곧 삶의 은유입니다. 신화, 전설, 동화, 기사문학 등 다양한 장르에서 발견되는 플롯이죠.

토비아스 교수는 이런 이야기들을 '추구 플롯'과 '모험 플롯' 두 가지로 구분했습니다. 추구 플롯은 내면의 무언가가 결핍된 주인공이 여정을 통해 정신적 성장을 이루는 내용으로, 「길가메시 서사시」, 《파랑새》, 〈기쿠지로의 여름〉과 같은 작품들이 여기에 해당합니다. 반면, 모험 플롯은 유적이나 유물 등 낯선 장소를 찾아다니며 겪는 모험과 사건 자체에 집중합니다. 『신드바드의 모험』, 『로빈슨 크루소』, 『걸리버 여행기』, 『15소년 표류기』, 『80일간의 세계 일주』, 『해저 2만 리』, 『엄마 찾아 삼만 리』 같은 작품들이 대표적입니다.

현대적 서사에서는 내적 성찰과 외적 모험이 결합하는 양상이 두드러집니다. 〈인디아나 존스: 최후의 성전〉은 코미디, 모험, 스릴, 숨 가쁜 액션이 빼곡하게 채워진 모험극이지만, 마지막에 가서는 아버지 헨리 존스가 유물을 탐내는 아들

인디아나 존스에게 정신적 깨달음을 줍니다. "인디아나, 그냥 놔둬Indiana, let it go."라면서요. 〈매드맥스: 분노의 도로〉에서는 퓨리오사가 녹색의 땅을 찾아가는 여정이 진정한 구원의 의미를 찾는 행위로 이어지죠. 반대로 영화 〈노킹 온 헤븐스 도어〉(1997)는 죽음을 받아들이기 위해 인생을 성찰하는 여행을 떠나면서도 모험적 재미를 놓치지 않습니다.

현대인이 좋아하는 이야기들을 보면, 액션 장르더라도 자기 발견, 성찰과 성장, 구원의 메시지가 작품 속에 담겼고, 내면의 성찰을 추구하는 장르더라도 흥미진진한 여정이 이야기를 뒷받침합니다. 그래서 저는 추구 플롯과 모험 플롯을 각각 구분하기보다는 '결핍된 것을 좇는 여정에 관한 이야기'를 중심으로 둘을 합쳐서 분석해 보겠습니다.

추구와 모험 플롯, 결핍을 좇아 떠나는 여행

이 플롯 유형에서 주인공은 처음부터 제대로 된 목표를 가지고 길을 떠나지 않습니다. 여정을 시작할 때는 '이것만 얻으면 내 삶이 완벽해질 거야.'라고 믿지만, 이윽고 자신의 목표가 잘못됐다는 사실을 깨닫는 과정이 필수로 나옵니다. 함정에 빠져 잘못된 목표를 쫓고, 시행착오를 겪고, 오답지를 받아들이면서 성장하죠. 즉, 주인공이 경험하는 여정의 핵심은 단순한 탐색이 아니라 깨달음과 성장입니다. 결핍된 것을 추구하는 과정에서 깨달음을 얻고 세계관의 질서를 회복하며 결국 결핍을 해소합니다.

　인류 최초의 서사라고 평가되는 「길가메시 서사시」를 봅시다. 우루크의 왕 길가메시는 친구 엔키두의 죽음을 겪은 뒤 '불로초'를 찾아서 생명의 땅으로 여행을 떠납니다. 길가메시는 온갖 고생 끝에 간신히 불로초를 얻지만, 지나가던 뱀이 불로초를 훔쳐 먹는 어이없는 사건으로 결국 그의 여행은 실패하죠. 여행을 끝낸 그는 죽음은 어쩔 수 없으며, 자신도 언젠가는 죽어야 하고, 죽음 너머에는 그저 황량함만이 있다는 사실을 깨닫습니다. 반인반신의 몸을 가진 강력하고 오만했던 왕 길가메시는 쓸쓸하지만 진정한 인생의 지혜를 얻었습니다. 영원한 생명을 얻겠다는 처음의 목표는 이루지 못했지만, 죽음의 이면에 숨어있던 슬픔과 겸손, 한계와 실존을 배웠습니다.

　「바리데기 공주」도 그렇습니다. 바리데기 공주는 자신을 버린 부왕이 병들자 '생명수'를 구하기 위해 저승으로 향합니다. 그녀는 아버지 슬하에서 편안하게 자란 언니들과 달리

이 위험한 임무를 받아들입니다. 부모의 인정에 대한 결핍을 채우기 위해 투쟁해야 하는 인물이기 때문이죠. 바리데기 공주는 긴 여정 끝에 마침내 생명수를 구하고 아버지도 살리지만, 나라의 절반을 주겠다는 아버지의 제안을 거절하고 저승으로 돌아가 영혼을 인도하는 신이 됩니다. 그녀는 왜 자식에 대한 상당한 인정을 담은 아버지의 제안을 거절했을까요? 삶의 의미는 아버지의 인정에 달린 것이 아니라, 스스로 정의하고 찾아나가는 것이라는 사실을 여정을 통해 깨달았기 때문이겠죠.

미겔 데 세르반테스 사아베드라의 소설 『돈키호테』는 어떤가요? 중세 기사도 문학에 심취한 하층 귀족 알론소가 망상에 거하게 빠진 나머지, 돈키호테라는 이름의 떠돌이 기사 '부캐'•를 만들어 모험을 떠납니다. 그는 이 세상을 '기사도'가 강처럼 흐르는 곳으로 바꾸려고 하죠. 이야기 내내 돈키호테가 미쳐서 온갖 일을 벌이는 듯 보이지만, 최후에 그는 이 세상에 관한 진실을 깨닫고 돌아옵니다. "세상이 미쳐 돌아

• '부캐릭터'의 줄임말로, 두 번째 캐릭터나 멀티 페르소나라고도 부를 수 있습니다. SNS와 게임에서 주로 사용하는 본 계정 외에 부차적인 계정을 만들어 함께 사용하는 문화에서 비롯한 용어입니다. 최근에는 실제 인물이 임의의 캐릭터를 정해놓고 방송 등에서 지속적으로 다른 인격을 연기하는 일을 가리키기도 합니다.

가고 있다면 누가 제정신일 수 있겠소? 바른 정신을 가진 게 오히려 미친 짓이오!" 돈키호테의 이 대사는 시대를 향한 작가의 진짜 메시지를 전달합니다.

라이먼 프랭크 바움의 판타지 소설 『오즈의 마법사』도 있습니다. 캔자스 시골 마을에 사는 도로시는 냉정한 숙부와 숙모에게 서운해하던 중 회오리바람을 타고 오즈 대륙으로 날아갑니다. 도로시는 '오즈의 마법사'가 자신을 집으로 돌려보내 줄 수 있다고 믿으며 그를 만나러 가죠. 영리해지고 싶은 허수아비, 마음을 갖고 싶은 양철 나무꾼, 용기를 원하는 사자도 오즈의 마법사를 찾아가면 자신들의 결핍을 채울 수 있다고 믿고 도로시의 여정에 함께합니다. 처음에 그들은 가짜 마법사가 만든 허접한 물건들을 받고 소원을 이뤘다고 생각해요. 하지만 그들은 원래부터 지혜와 마음, 용기를 갖고 있었죠. 도로시도 마찬가지입니다. 도로시는 마법사의 도움이 아니라, 신고 있던 은색 구두의 굽을 맞부딪치게 해서 집으로 돌아갑니다. 그리고 집의 뒷마당에서 진정한 행복을 깨닫습니다. 여기에도 '진정한 행복은 멀리 있지 않고 자기 안에 있다.'라는 작가의 메시지가 질서로 구현된 세계관이 있습니다.

아스트리드 린드그렌의 소설 『라스무스와 방랑자』의 주인공 라스무스는 형편이 넉넉한 농가에 입양되고 싶어 노력하는 소년입니다. 그러나 고아원을 방문한 부부들은 곱슬머리의 귀여운 여자아이만 데려가죠. 고아원에서 사고를 친 라스무스는 원장에게 혼나는 것이 무서워 가출을 하고, 방랑자 오스카를 만나 함께 이곳저곳을 여행합니다. 여행 중에 오스카와 미운 정 고운 정을 다 쌓은 라스무스는 오스카의 소개로 부유하고 마음씨도 좋은 농부 부부에게 입양될 기회를 마침내 얻습니다. 그러나 라스무스는 그 기회를 저버리고 오스카 부부의 작은 집을 선택합니다. 라스무스의 결핍은 유복한 가정에 입양된다고 해소되는 것이 아닙니다. 그가 마음을 열고 함께 모험하고 관계를 쌓아온 친구를 선택함으로써 해소되는 것이죠.

이처럼 결핍을 해소하기 위한 여행에서 주인공이 찾고 있는 대상은 장소, 사람, 물건 등으로 다양합니다. 고향을 잃었다면 새로운 터전을 찾아가는 여정이, 가족을 잃었다면 가족의 추억이 깃든 곳을 찾아가는 여정이, 소중한 물건을 잃어버렸다면 그것을 되찾으려는 여정이 펼쳐질 겁니다. 결핍으로 인한 고통이 클수록 여정은 더 길어지고, 모험은 더 위험해지며, 극복할 장애물은 더 높아지고, 최종적 깨달음은 더 강력해집니다. 여행의 초반에는 함정에 빠져서 잘못된 답을 내지만, 오답의 뒷면에서 결정적 힌트를 발견하고 정답에 도달합니다.

주인공은 도중에 다양한 곳을 방문하지만, 보통은 길가메시처럼 원점으로 돌아옵니다. 기본적으로 '회귀 패턴'을 가진 셈이죠. 물론, 〈노킹 온 헤븐스 도어〉처럼 간혹 주인공이 원점으로 돌아오지 못할 때도 있습니다. 이 이야기에서는 주인공들이 죽으러 길을 떠났기 때문에 예외가 생겼지만, 한편으로는 생명 전의 원점으로 돌아갔다고 해석할 수도 있습니다. 중요한 것은 환상적인 여행을 한 바퀴 돌고 원점으로 귀환했을 때 주인공에게 생긴 변화입니다. 그는 처음과 분명히 다른 사람이 돼있으므로 출발할 때 보지 못했던 것들을 이제는 발견할 수 있습니다.

17강   **원형 2:
도플갱어와의 대결**

도플갱어, '진짜 나'와 '가짜 나'의 대결

나는 이 세상에서 유일한 존재여야 합니다. 내가 둘이 될 수는 없죠. 독일의 도시 전설에 나오는 '도플갱어Doppelgänger'는 나와 똑같이 생긴 다른 존재입니다. 이 전설에 따르면, 도플갱어가 나타났을 때 둘 중 하나는 사라져야 한다고 합니다. 누가 사라져야 할까요? 물론 도플갱어가 사라져야 하죠. 가짜에게는 이 세계에 존재할 당위성이 없기 때문입니다. 만약 내가 둘이 된다면, 둘 중 누가 이 세계관에 존재할지 결정해야 합니다. 그것은 곧 '이 세계관의 당위성을 누가 가지고 있느냐?'란 질문에 답하는 일이기도 하죠.

필립 K. 딕의 SF 단편소설 「사기꾼 로봇」을 봅시다. 인간과 외계인의 전쟁이 한창인 시대, 정부 기관에서 비밀 연구를 수행 중인 과학자 올햄은 폭탄을 탑재한 복제인간이라는 의심을 받으며 체포될 위기에 처합니다. 그는 자신이 '진짜 올햄'이라는 사실을 증명하기 위해 '가짜 올햄'을 만든 외계인들의 우주선을 찾아가죠. 그러나 우주선 안에서 발견한 것은 바로 자신의 시체였습니다. 주인공은 "저게 올햄이라면, 나는……."이라는 말과 함께 폭발하고 맙니다. 자기 자신을 의심하는 말을 하는 순간 폭탄이 폭발하도록 장치됐던 거죠. 이 세계관에서 존재의 당위성이 결핍된 주인공(가짜 올햄)은 폭발과 함께 사라집니다.

비록 주인공이 '진짜'라고 해도 세계관의 당위성을 빼앗기면 존재 자격을 잃기도 합니다. 한국 전래동화인 「손톱을 먹은 들쥐」를 봅시다. 어느 도령이 버린 손톱과 발톱을 주워 먹은 들쥐가 도령의 모습으로 둔갑해 그의 행세를 합니다. 도령은 자신이 진짜라고 호소하지만, 평소에 게으름과 불효를 일삼던 '진짜 도령'보다 '가짜 도령'이 훨씬 행동거지를 올바르게 하는 바람에 부모에게 가짜로 몰려 쫓겨나죠. '진짜 도령'은 유교적 세계관의 당위성을 잃은 상태입니다. 그러나 그는 스님의 도움으로 고양이를 얻어 '가짜 도령'인 들쥐를 내쫓은 뒤 부지런히 효를 행하는 인물로 거듭납니다. 유교적 세계관의 당위성을 회복하고 자기 자리를 되찾았죠.

인도의 설화 「구두쇠 이리이샤」도 비슷한 이야기입니다. 이리이샤는 코끼리를 몇십 마리나 키울 정도로 큰 부자이지만 자린고비처럼 인색하게 굴며 남에게 베풀 줄을 모르죠. 결국 보다 못한 신이 그와 똑 닮은 가짜를 보냅니다. '가짜 이리이샤'는 진짜도 기억하지 못하는 집안의 대소사를 속속들이 알 뿐만 아니라, 남에게 후하게 베풀어 모두의 인심을 얻습니다. 이에 사람들은 '진짜 이리이샤'를 두들겨 패서 내쫓죠. 이리이샤는 하루아침에 거지가 되어 고생하다가 깊은 후회를 담아 기도를 드립니다. 그제야 신이 원상 복귀를 시켜주죠. 그 후 '진짜 이리이샤'는 마음이 넉넉한 부자가 됩니다. 「구두쇠 이리이샤」 역시 세계관의 당위성을 잃으면 존재할 수 없다는 내용의 이야기입니다.

지금까지 소개한 세 편의 작품에서는 주인공과 숙적이 마치 인간과 도플갱어의 싸움처럼 세계관의 당위성을 차지하기 위해 대결을 펼칩니다. 당위성을 차지하는 자가 그 세계관에 남을 수 있죠. 이런 이야기에서는 주인공이 자신과 떼려야 뗄 수 없는 관계를 맺고 있는 적과 싸우게 됩니다. 신들이 길가메시를 위해 엔키두를 만들어서 보낸 것처럼요.* 운명이 주인공을 단련하기 위해 그를 위한 숙적을 준비합니다. 이런 대결은 상당히 극적인 갈등을 만들어냅니다. 주인공과 숙적의 싸움은 궁극적으로 '자기 자신과의 싸움'을 상징하며, 자신의 결핍을 대면하고 끝내 극복하는 이야기를 완성하기 때문입니다.

토비아스 교수는 이런 이야기들을 '추적 플롯', '복수 플롯', '라이벌 플롯'으로 분류하는데, 셋은 서로 다른 식으로 이야기를 전개합니다. 그러나 공통점도 있습니다. 세 가지 플롯 모두 주인공과 숙적이 거울쌍·클론·반대항 관계를 이룬다는 점입니다. 숙적은 주인공과 유사한 결핍을 가진 존재이거나, 주인공과 마치 쌍둥이처럼 비슷하면서도 더 뛰어난 존재이거나, 주인공에게 결핍된 것 전부를 가진 완벽한 존재입니다. 때로는 주인공의 또 다른 가능성을 보여주기도 하지만, 마주치면 둘 중 하나는 반드시 사라져야 하는 존재일 수도 있습니다. 마치 도플갱어처럼요.

● 엔키두는 신들이 길가메시의 오만함을 견제하기 위해 의도적으로 설계한 존재입니다. 힘과 기질 면에서 길가메시와 가장 대등한 '운명의 호적수'이죠. 처음에는 길가메시의 적으로 등장하지만, 곧 그의 가장 가까운 친구이자 영혼의 동반자가 됩니다.

주인공과 숙적의 운명적 충돌

숙적은 주인공에게 단순한 장애물이 아니라, 자신의 존재를 증명하기 위해 반드시 극복해야 하는 상대입니다. 이 둘은 갈등 관계일 뿐만 아니라 서로가 서로를 정의하는 관계이기도 합니다. 그러므로 세계관은 둘의 대결을 위해 존재하는 무대이며, 사건들은 둘의 성장과 충돌을 위한 빌드업을 고려하여 배열됩니다. 필연적이고 운명적으로 최종 대결의 순간이 찾아오면, 마치 이 세계에 오로지 단둘만 존재하는 것처럼 연출됩니다. 둘이 서로 존재의 소멸을 걸고 격렬히 충돌하는 이유는, 세계관의 당위성을 둘 중 하나만이 가질 수 있기 때문입니다.

주인공과 숙적의 설정에는 여러 변주가 있습니다. 예를 들어, 숙적을 보면서 '내가 그때 잘못된 선택을 했더라면 저런 괴물이 됐을 수도 있다.'라고 동질감을 느끼며 섬뜩해하는 주인공이 있는 반면, 숙적의 전혀 다른 사고방식과 행동에 예측할 수 없는 공포를 느끼는 주인공도 있죠. 선량한 경찰이 극도로 혐오스러운 가치관을 가진 범인을 추적하거나, 반대로 지독한 사이코패스 탐정이 평범한 범죄자를 체포하는 아이러니한 이야기가 그렇죠.

주인공을 간절히 파괴하고 싶어 하는 숙적이나, 숙적에게 열등감을 느끼는 주인공도 존재합니다. 이들은 서로에게 절대로 용서할 수 없는 짓을 저지르며 복수를 꿈꾸거나, 서로의 증오를 발판 삼아 성장합니다. 모든 것이 삐뚤어진 주인공이 순수하고 해맑은 상대를 견딜 수 없어 하거나, 평소에 무시하던 상대가 자신보다 더 선하고 자유로운 인간임을 깨달아 주인공의 세계관이 무너지는 이야기를 떠올려 보세요. 자신과 비슷한 처지였지만 노력하여 성공한 상대에게 '너도 나와 같은 괴물이 아니냐.'라며 끊임없이 도발하고 끌어내리려는 주인공도 있습니다.

상대의 존재가 잊고 싶은 과거를 떠올리게 하므로, 이를 외면하거나 부정하기 위해 상대를 쓰러뜨려야 한다는 강박에 사로잡히기도 합니다. 상대가 내 죄를 숨겨주고 있지만, 이 사실을 아는 존재가 있다는 것만으로도 죄책감이 느껴지기에 그를 없애고 싶어 합니다. '나는 너 같은 인간이 아니다.'라는 사실을 증명하고 싶어 하거나, '너도 결국 나 같은 놈이다.'라는 사실을 깨닫게 하고야 말겠다며 집착을 보이는 인물도 있습니다. 때로는 자신이 탄생시킨 적이기에 반드시 내 손으로 끝을 맺겠다는 운명적 악연도 있습니다. '우리는 한 하늘 아래에 공존할 수 없다.'라는 식으로요.

추적 플롯, 쫓고 쫓기는 이야기

'추적자'와 '도망자'가 쫓고 쫓기는 이야기를 봅시다. 동서양을 불문하고 어느 나라에나 숨바꼭질과 술래잡기 같은 놀이가 있습니다. 사냥의 변주이죠. 추적하고 도망가는 행위에서 나오는 스릴을 즐기는 건 인류의 본능에 가깝습니다. 쫓고 쫓기는 이야기는 인간이 사냥꾼인 동시에 사냥감이었던 태곳적 감각을 자극합니다. 죽음이 항상 곁을 맴돌던 시절의 동물적 감각을 건드리는 거죠. 따라서 스릴은 절대적 재미를 보장합니다. 물고 물리는 설정이 이어지고, 손에 땀을 쥐는 액션과 긴박한 상황, 영리한 계획, 무릎을 탁 치게 만드는 뛰어난 속임수가 스릴 넘치는 이야기를 만듭니다.

이를 위해 '쫀쫀한' 액션을 가득 채울 수도 있겠지만, 현대적 서사는 좀 더 나아갑니다. 도망자는 자신이 결백하다는 사실을 증명하기 위해 추적자를 따돌려야 하고, 추적자는 도망자를 잡아서 자신의 신념을 증명해야 합니다. 그렇기에 둘 사이의 팽팽한 대립은 단순한 사냥이 아니라, 실패하는 순간 각자가 존재 의미를 잃는 '세계관을 건 싸움'이 됩니다. 이들이 최종 대결을 벌인 결과 한쪽이 붕괴하든가, 한쪽이 다른 쪽의 질서를 받아들이며 화해와 반성을 거쳐 거듭납니다.

빅토르 위고의 소설 『레미제라블』의 장발장과 자베르를 봅시다. 장발장은 사회에서 버림받은 죄수이고, 자베르는 법과 질서를 신봉하는 인물입니다. 자베르에게 장발장은 '질서를 위협하는 혼돈'이며 반드시 체포해야 할 대상이죠. 하지만 장발장의 죄는 겨우 빵 한 덩이를 훔친 데서 시작된 것으로, 그의 마음에는 선善이 있습니다. 위험을 무릅쓰면서까지 타인을 돕는 장발장의 모습을 보면서 그를 집요하게 추적하던 자베르는 혼란을 겪습니다. 최후에 자베르는 장발장을 놔준 뒤 자살을 선택합니다. 자신에게 장발장이 더는 '도망자'가 아니게 되면서, '추적자'로서 자베르가 가졌던 존재 의미가 사라졌기 때문입니다.

자베르의 죽음이 과하다고 생각하는 분도 있을 수 있습니다. 하지만 자베르에게 추적을 포기한다는 선택은 세계관의 질서가 무너지는 사건이었습니다. 그는 선과 악이 분명하게 구분되는 세계에서 악을 처단한다는 사명을 위해 살던 존재입니다. 그러나 선악이 그렇게 명확하게 구분되지 않으며 자신의 답이 틀렸다는 사실을 깨달은 순간, 그가 경관으로서 갖고 있던 직업적 자부심과 미래의 목표, 확고한 신념 등이 전부 무의미로 돌아가 버렸습니다. 자베르에게 장발장은 단순한 범죄자 이상으로, 그가 추구하던 신념 그 자체였기 때문입니다.

영화 〈캐치 미 이프 유 캔〉의 프랭크와 칼의 관계도 비슷합니다. FBI 요원 칼과 사기꾼 프랭크는 쫓고 쫓기는 관계이지만, 시간이 지날수록 서로에게 강한 영향을 미칩니다. 수많은 사기로 거액의 부를 거머쥔 프랭크는 문득 주위를 둘러보고 곁에 남은 존재가 아무도 없다는 사실을 깨닫습니다. 그는 그다지 행복하지도 않으며, 지독한 외로움만 남았을 뿐입니다. 경찰에 잡히지 않기 위해 모습을 바꿔가며 정체를 속여왔기에 진짜 그를 아는 사람은 아무도 없죠. 아이러니하게도, 심리부터 행동 양식까지 프랭크를 가장 잘 아는 사람은 그를 지금까지 추적해 온 FBI 요원 칼입니다. 크리스마스에 프랭크는 칼에게 전화를 걸어 자신이 투숙 중인 호텔에 오라고 초대까지 합니다. 프랭크의 마음속에서 칼은 아버지와 같은 존재이자, 유일하게 믿을 수 있는 존재로까지 커집니다. 감옥에서 출소한 프랭크가 칼을 도와서 FBI의 금융사기 전문가로 일한다는 결말은, 그가 지금까지의 삶을 전부 포기하고 상대가 가진 세계관의 질서를 받아들였다는 사실을 보여줍니다.

쫓고 쫓기는 이야기에서는 세계관에 설정된 규칙이 매우 중요합니다. 추적에도 규칙이 있습니다. 누가 누구를 어떻게 쫓을지가 정해져 있습니다. 추적 기한이나 투입될 자원 등도 처음에 결정됩니다. 추적자가 도망자를 잡거나 놓치면 어떻게 되는지에 대한 규칙도 미리 정해지죠. '제한 시간 내로 테러범을 못 잡으면 시한폭탄이 터져서 금문교가 무너진다.' '이번에 체포되면 사형 제도가 있는 본국으로 송환된다.' '추적팀은 해체했지만 범인을 정 잡고 싶다면 알코올 중독 경찰을 하나 붙여줄 테니 둘이서 어떻게든 해라.' '일주일 내로 범인을 못 잡으면 두 번째 피해자가 생긴다.' 이런 식으로 설정된 규칙들은 절대 깨지지 않습니다. 나중에 경위서를 쓰니 무마됐다거나, 갑자기 인력이 충원됐다거나, 추가 예산이 들어왔다거나, 이번에만 범인이 살인 예고를 지키지 않았다는 식의 우연한 우회로는 가능하지 않습니다.

쫓고 쫓기는 이야기의 결말은 대부분 잡히거나 탈출에 성공하는 식으로 끝나지만, 때로는 독창적이고 변칙적인 엔딩으로 작가의 메시지를 강하게 드러내는 작품도 있습니다. 리들리 스콧 감독의 영화 〈델마와 루이스〉(1991)를 봅시다. 가부장적인 남편에게 억눌려 사는 델마, 웨이트리스로서의 일상이 갑갑한 루이스는 함께 주말여행을 떠납니다. 그러다가 델마를 강간하려는 남자를 그만 죽이고 맙니다. 둘이 살인범으로 수배되면서 여행길은 도주로가 돼버리죠. 델마와 루이스는 경찰에게 쫓기다가 그랜드캐니언의 벼랑 끝에 몰리자 시원하게 뛰어내려 버립니다.

　조지 로이 힐 감독의 서부극 〈내일을 향해 쏴라〉(1969)도 비슷합니다. 두 주인공 부치와 선댄스는 열차 강도 사건으로 경찰에게 쫓기는 처지가 됩니다. 부치와 선댄스는 범죄자이지만 인간적이고 다정하며 유머러스한 면모를 지니고 있어, 당시 서부극에서 일반적이던 마초적 영웅들과 확연히 구별되는 캐릭터들입니다. 서부극은 보통 해피엔딩으로 끝나는 세계관을 갖고 있지만, 이 영화는 다른 길을 택합니다. 치열한 총격전 끝에 막다른 곳에 몰린 두 주인공은 죽음을 예감합니다. 그런데도 둘은 '여기를 탈출하면 이번에는 오스트레일리아로 가자.'라면서 미래의 계획을 주고받습니다. 서로를 놀리고 낄낄거리는 모습에서 죽음의 그림자는 보이지 않습니다. 이들은 오늘 죽을 운명이지만, 마치 영원히 살 것처럼, 내일이 분명히 올 것처럼 총을 쏘며 뛰쳐나갑니다. 알베르 까뮈의 소설 『이방인』의 엔딩을 연상시키는 이 장면은 서부극의 상투성을 단숨에 뛰어넘어 버렸죠.

복수 플롯, 심연을 바라보며
괴물을 쫓기

　　　　　　　　복수물은 우리 일상에서 가장 거리가 먼 이야기일 겁니다. 법치국가에서 사적 구제는 허용되지 않으니까요. 아무리 불의한 일을 당하더라도 제도에 호소하지 않고 스스로 응징에 나서면 안 됩니다. 설령 내가 가장 소중하게 여기는 것을 빼앗겼다고 해도, 내가 극심한 고통을 당했다고 해도 말이죠. 그런데 현실에는 법으로도 해결되지 않는 억울함이 있습니다. 누구나 억울함 앞에서 아무것도 할 수 없는 무력함을 느꼈던 적이 있을 겁니다. 그 심정을 알기에 우리는 복수 이야기에 강력히 몰입하는 것일지도 모릅니다.

　　복수물은 기본적으로 '사적 구제를 하는 이야기'입니다. 그러므로 주인공은 자기 손으로 복수를 실현하는 인물입니다. 복수물의 분위기는 매우 무겁고 잔혹할 때가 많죠. 하지만 그만큼 속이 시원하기도 합니다. 당위적 세계관을 가진 작품에서는 대개 복수에 성공하는 결말로 이야기가 끝나지만, 성찰적 의도가 있거나 비극적 정조를 중시하는 작품에서는 복수에 실패할 수도 있습니다. 복수 뒤의 허망함이나 자기 파괴적 엔딩이 강조되는 경우도 있고요.

　　복수물에도 도플갱어적 요소가 등장합니다. '괴물을 쫓는 자는 자신도 괴물이 되지 않도록 조심해야 한다.' '당신이 심연을 바라볼 때 그 심연도 당신을 바라볼 것이다.' 이런 메시지들이 그렇습니다. 주인공은 적에게 씻을 수 없는 상처를 받았고 그것을 되돌려주고자 하죠. 하지만 복수 과정에서 주인공 역시 어둠 속으로 빠져듭니다. 이런 식으로 주인공은 자신의 적과 거울쌍이 됩니다. 적이 만든 상처를 같은 방식으로 되돌려주려다 보면, 결국 주인공도 적과 같은 방식으로 사고하고 행동하게 되죠. 복수 플롯은 '나는 저들과 다르다.'라고 믿는 주인공이 결국 자신도 다르지 않다는 사실을 깨닫는 흐름으로 전개됩니다. 그러므로 주인공은 마지막에 가서 자신이 적과 다르다는 사실을 어떻게든 증명해야 합니다.

크리스토퍼 놀란 감독의 영화 〈다크 나이트〉(2008)에서 배트맨과 조커는 어떤가요? 배트맨은 '폭력은 사용하지만 살인은 하지 않는다.'라는 신념을 가졌고, 조커는 그것을 깨뜨리려 합니다. 배트맨에게 '너도 나와 똑같아.'라는 메시지를 반복해서 던지면서 말이죠. 배트맨은 조커와 싸우면서 자신의 신념을 지킬지, 조커처럼 될 것인지를 선택해야 합니다.

데이빗 핀처 감독의 영화 〈세븐〉(1995)은 복수의 딜레마를 가장 잔혹하게 표현한 작품 중 하나입니다. 젊은 형사 밀스는 『성경』에서 말하는 일곱 가지 대죄(식탐, 탐욕, 나태, 색

욕, 교만, 질투, 분노)를 차례로 재현하는 연쇄살인범 존을 추적합니다. 그런데 어느 순간 존은 자신이 밀스 부부를 질투한다는 사실을 깨닫습니다. 질투도 일곱 가지 대죄 중 하나인데 말이죠. 존은 마지막으로 남은 두 가지 죄인 '질투'와 '분노'를 완성하기 위해 밀스의 아내를 살해하여 밀스가 자신을 죽이도록 유도합니다. 밀스가 존을 죽이면 밀스는 '분노'의 죄를 짓고 법적 처벌을 받게 되고, 존은 '질투'에 대한 처벌을 받은 셈이 됩니다.

원래 추적 플롯에 가까웠던 영화가 이 순간부터 복수 플롯을 따라가기 시작합니다. 밀스는 '복수자'와 '법의 집행자' 사이에서 잔혹한 선택을 강요받습니다. 결국 그는 존을 살해하며 복수의 길을 택하고 존이 계획한 대로 됩니다. 밀스는 그토록 혐오하던 살인자와 동급의 존재가 돼버렸습니다. 〈세븐〉은 복수자가 적과 거울쌍을 이루는 이 장면에서 복수의 딜레마를 가장 극명하게 보여주며 비극을 완성합니다.

뤽 베송 감독의 〈레옹〉(1994)에서 레옹과 스탠스필드의 관계도 그렇습니다. 레옹은 살인 청부업자지만, 최소한의 도덕적 기준을 지키려 합니다. 반면 스탠스필드는 마약단속국의 부패한 간부이며, 타인의 생명을 아무렇지도 않게 짓밟죠. 레옹은 스탠스필드에게 복수하겠다는 소녀 마틸다를 말립니다. 사람을 한 번 죽이면 그때부터 영원히 인생이 바뀌게 된다며, 앞으로 편안히 잠들 수 없게 되리라고 마틸다를 설득하는 레옹의 대사는 그도 괴물이 되지 않기 위해 분투하고 있음을 드러냅니다.

복수자가 적을 닮아가거나, 혹은 적과의 분명한 대비를 통해 자신의 위치를 확인하는 이유는, 복수물이 인간의 죄책감을 다루는 이야기이기 때문입니다. 그래서 복수물에서는 복수자가 세계관의 당위성을 가질 수 있도록 몇 가지 설정을 둡니다. 예를 들면, 복수자가 잔인한 범죄를 직접 당하거나 목격하게 만들어서 독자·관객으로부터 감정적 공감을 끌어내죠. 복수자가 제도적 도움을 받지 못하는 상황일 때도 있고, 자신이 당한 것보다 조금 덜 돌려주는 식으로 복수의 정도를 조절할 때도 있습니다.

피해자와 직접적인 관계가 없는 인물이 복수에 나서야 한다면 더더욱 그 범죄를 목격하게 할 필요가 있습니다. 조엘 슈마허 감독의 영화 〈8미리〉(1999)의 주인공은 자질구레한 일을 처리하는 탐정 웰즈입니다. 어느 날, 한 할머니가 8미리 비디오테이프를 들고 와서는 영상 속 내용을 알아봐 달라고 웰즈에게 의뢰합니다. 이 비디오는 얼마 전에 노환으로 사망한 남편의 금고에서 나왔다고 하죠. 비디오에는 복면을 쓴 괴한이 들어오더니 소녀를 칼로 난도질하며 살해하는 장면이 찍혀있었습니다. 아무리 남의 일이라고 해도 그냥 지나칠 수 없는 범죄 현장의 기록이었죠.

웰즈는 추적 끝에 범죄집단의 꼬리를 잡지만, 이런 영상을 즐겼던 남편의 본 모습이 밝혀졌을 때의 여파를 감당할 자신이 없었던 할머니는 테이프를 없애고 자살합니다. 이렇게 웰즈는 증인과 증거를 모두 잃습니다. 사법적 처리가 불가능해지자 웰즈는 개인적 복수를 결심합니다. 영상 속 복면 괴한은 힘없는 어린 소녀를 무자비하게 난도질해 죽였지만, 탐정 웰즈는 복면 괴한을 이런 식으로 갖고 놀며 죽이지는 않습니다. 목숨을 걸고 싸운 끝에 죽이죠.

영화 〈시카리오〉에 등장하는 알레한드로도 주목할 만한 캐릭터입니다. 알레한드로는 검사 업무를 수행하면서 마약 카르텔을 압박하다가 가족을 잃습니다. 카르텔에 의해 아내가 참수당하고 딸이 염산 통에 던져지는 장면을 눈앞에서 봅니다. 이제 그는 법의 바깥에서 야인의 길을 걸으며 복수를 실현하고자 합니다. 그리고 그의 가족을 죽인 카르텔의 두목 앞에 마침내 서게 되죠. 공교롭게도 두목이 아내와 두 아들과 함께 식사하는 자리입니다. 여기서 알레한드로는 똑같이 두목의 아내를 참수하고 아들들을 염산 통에 던져서는 안 됩니다. 그는 두목의 눈앞에서 아내와 아들 둘을 매우 빠르게 총으로 쏘아 죽입니다. 알레한드로가 당한 것에 비하면 자비롭다고 느껴질 정도의 복수이지만, 최후의 순간에 단 1초도 망설이지 않는 그의 냉정함이 관객에게 시원한 카타르시스를 줍니다. '당한 것보다 조금 덜 돌려주는 복수'란 이런 겁니다.

단, 복수 이야기를 창작할 때 주의할 점이 있습니다. 인간의 고통을 포르노화해서 보여줘서는 안 된다는 점입니다. 무릇 좋은 작품이란 동기가 되는 범죄 현장이나 최후의 복수를 보여줄 때도 사디스트적 관음증으로 흐르지 않도록 윤리적 기준을 고민하는 법입니다.

라이벌 플롯, 세계관의
당위성 쟁탈전

라이벌과의 대결 구도 역시 오랫동안 사랑받아 온 플롯입니다. 인간은 본능적으로 경쟁을 좋아합니다. 꼭 이기고 싶었던 상대를 정정당당하게 앞지르는 순간은 얼마나 통쾌한가요. 라이벌 플롯이 얼마나 강렬하고 깊은 몰입을 끌어내는지는 오래전 카인과 아벨의 신화만 봐도 알 수 있습니다. 동생 아벨을 질투한 형 카인은 동생을 죽이고 최초의 살인자가 되죠. 인간은 끊임없이 자신과 타인을 비교하면서 정체성을 확립합니다. 이때 라이벌의 존재는 자신을 증명할 기회를 제공하기도 하죠. 우리는 라이벌과의 경쟁을 통해 자신의 한계를 극복하고 성장합니다. 이야기의 세계에서도 주인공은 라이벌과의 대결을 통해 정체성을 확립하며 세계관의 당위성을 차지할 자격을 증명합니다.

주인공과 라이벌은 거울쌍 혹은 반대항의 관계를 이룹니다. 둘 사이가 선악의 단순한 대립이 아니라, 세계관의 상반된 가치관을 대표하는 대결 관계를 이루는 작품들도 있습니다. 존 밀턴의 서사시「실낙원」을 보세요. 이 작품은 하나님과 악마가 대결하는 선과 악의 구도를 취하고 있습니다. 처음에 루시퍼는 사랑받고 유능한 천사였습니다. 그러나 하나님이 애지중지하는 인간에게 질투를 느꼈고, 하나님의 아들이라며 갑작스레 나타난 예수에게도 부당한 감정을 느껴 결국 반란을 일으킵니다. 루시퍼의 끝없는 질투와 고통, 배신감에 관한 묘사부터, 그가 타락하여 지옥으로 떨어져 악마가 되는 장대한 배드엔딩까지 보고 나면「실낙원」이 루시퍼를 위한 이야기처럼 느껴질 정도입니다. 이 작품에서 하나님과 예수는 이미 완성된 존재로 결핍이 없지만, 루시퍼는 가장 큰 결핍을 지닌 존재입니다. 바로 그 결핍이 루시퍼를 움직이게 하죠.

주인공과 라이벌은 마지막에 극적으로 협력하기도 합니다. 『슬램덩크』의 강백호와 서태웅 역시 같은 코트 위에서 경쟁하지만, 서로의 존재를 인정하고 성장한 뒤 가장 중요한 순간에 협력하죠.

라이벌 플롯을 쓸 때 중요한 점은 주인공과 라이벌의 대립이 매우 팽팽해야 한다는 겁니다. 처음에는 우월한 라이벌을 주인공이 전혀 따라잡지 못하는 모습이 두드러질 수도 있지만, 그만큼 주인공에게도 어떤 잠재력이 있어야겠죠. 이런 플롯에서는 마침내 주인공이 잠재력을 터뜨리면서 라이벌을 극복하고 세계관의 질서를 차지하는 순간이 클라이맥스입니다. 라이벌과의 대립 관계 속에서 자신을 증명하지 못하는 주인공은 세계관의 정점에 설 수 없습니다. 따라서 라이벌과의 경쟁은 단순한 승부 싸움이 아니라, '세계관의 주도권을 누가 차지할 것인가?'에 관한 좀 더 근원적인 싸움이 됩니다.

일본의 권투 만화 『내일의 죠』에는 주인공 야부키 죠가 한국인 김용비와 싸우는 에피소드가 나옵니다. 종전 후 일본, 가난한 부랑자 출신의 죠는 권투를 시작한 뒤 세계 챔피언을 꿈꾸는 중입니다. 그러기 위해 꼭 넘어야 할 라이벌이 동양태평양 챔피언 김용비입니다. 헝그리 정신으로 무장한 죠는 무자비한 훈련량과 고통스러운 체중 감량을 악으로 깡으로 버티며 지금의 자리까지 온 인물입니다. 그런데 김용비는 이런 죠를 보면서 감량 따위로 어리광 부리는 호사스러운 선수라고 비난합니다. 진짜 굶주림과 지옥을 모른다며 비웃죠.

사실, 김용비는 어린 시절 한국전쟁 중 어머니를 폭격으로 잃고 굶주렸던 과거가 있습니다. 먹을거리를 찾아 떠돌던 김용비가 죽어가는 군인 근처에서 식량을 발견하고 훔치려는 순간, 그 군인이 손을 들어 김용비를 잡으려 합니다. 놀란 김용비는 큰 돌을 주워 들고 군인을 내려칩니다. 그러고는 허겁지겁 식량을 먹어 치워버리죠. 나중에 그 군인의 정체가 아들에게 식량을 갖다주기 위해 탈영했던 자신의 아버지였다는 사실을 알게 된 김용비는 먹은 것을 모두 게워냅니다. 그 후 음식을 제대로 먹을 수 없게 됐다는 설정이죠.

『내일의 죠』는 헝그리 정신으로 근성 있게 목표를 이뤄가는 모습을 추앙하는 세계관을 가지고 있으므로, 죠가 다른 인물들보다 이 질서에 더 부합한다면 그가 시합에서 승리해야 당위성이 있을 겁니다. 그런데 죠를 뛰어넘는 인물이 나타났습니다. 이전까지 죠가 갖고 있었던 당위성을 한순간 김용비에게 빼앗기면서, 죠는 김용비에게 정신없이 두들겨 맞고 패배 직전까지 갑니다. 그러나 죠는 친구이자 또 다른 라이벌인 리키이시의 몫까지 2인분의 당위성을 짊어진 인물이었기에 그를 떠올린 뒤에 겨우 승리할 수 있었습니다. 바로 이런 것이 세계관을 건 싸움입니다. 일본 만화 『나루토』를 보세요. 열등생 나루토는 결국 우등생 사스케의 라이벌이 되고야 맙니다. 세계관의 당위성을 건 최강자들의 대결은 우리의 가슴을 '웅장'하게 만듭니다.

18강   원형 3:
                            극적인 성장

**가장 미숙한 자가
가장 많이 성장한다**

　　　　　　　　대부분의 이야기는 주인공의 성장을 다루죠. 이야기가 진행되는 동안 주인공은 단순히 목표를 이루는 것을 넘어서 크게 변화하고 성장합니다. 그 변화의 정도가 유난히 큰 이야기들이 있습니다. 주인공이 처음과 완전히 다른 존재가 되거나, 기존의 세계관이 파괴되고 새로운 세계관으로 이동하는 이야기를 '극적인 성장 서사'라고 부릅니다.

　　인간은 본능적으로 익숙한 상태를 유지하려고 합니다. 변화는 어렵거나 불편하고, 심지어 두려움을 동반하죠. 그러나 이야기 속 주인공은 원하든 원치 않든 변화해야만 합니다. 그래서 어떤 충격적인 사건이 일어나서 주인공의 세계관을 단숨에 파괴해 버립니다. 헤르만 헤세의 『데미안』에 등장하는 "새는 알에서 나오기 위해 투쟁한다. 알은 세계이다. 태어나려고 하는 자는 누구든 하나의 세계를 파괴해야 한다."는 문구 그 자체입니다. 변화는 단순히 더 나은 사람이 되는 수준에서 멈추지 않습니다. 세계관에 대한 믿음이 달라지는 와중에 이 세계에서 자신을 어떻게 정의할지 고민하는 과정이 수반됩니다. 주인공은 앞으로 어떤 사람이 될지를 선택하는 질문과 연속으로 마주할 겁니다.

성숙 플롯, 세계관이 부서지면서 어른이 된다

어린아이가 극적으로 성장하는 '성숙 플롯'을 가진 이야기가 있습니다. 성숙 플롯은 단순히 주인공이 나이를 먹고 경험을 쌓는 일반적인 성장 이야기와는 다릅니다. 성숙 플롯에서는 어린 주인공이 세상을 이해하는 방식 자체가 근본적으로 바뀝니다. 이런 이야기에서는 어린 주인공이 순진하게 믿던 세계관이 전부 무너집니다. 주인공은 자신을 둘러싼 세계를 불변하는 진리처럼 여기고 있었지만, 어떤 사건으로 그 믿음이 깨지면서 새로운 가치 체계를 받아들여야 합니다.

아직 세상 경험이 적은 어린아이는 순진하죠. 삶은 선과 악으로 선명히 구분되고, 선행을 베풀면 보답이 돌아오며, 부모가 언제나 자신을 지켜주리라 믿습니다. 하지만 현실은 그렇지 않습니다. 성숙 플롯에서는 어린 주인공이 세계의 당위성이 무너지는 경험을 합니다. 죽음, 헤어짐, 부모의 이혼, 친구의 배신 같은 문제를 처음으로 직면합니다. 그리고 이 과정에서 기존의 믿음을 버리고 새로운 현실을 받아들이며 가치 체계를 수정해 나갑니다.

찰스 디킨스의 『위대한 유산』은 어린 주인공 핍이 세상에 대해 가졌던 순진한 세계관이 어떻게 무너지는지를 보여주는 대표적인 성장 소설입니다. 가난한 고아였던 핍은 익명의 후원자로부터 유산을 상속받으며 상류층 사회로 진입합니다. 그는 신분 상승이야말로 자신의 가치를 증명하는 길이라고 믿으면서 과거를 부끄러워하고 기존의 지인들을 멀리하죠. 그러나 시간이 지나면서 상류층이 결코 우월한 존재가 아니며, 오히려 비정하고 도덕적으로 더 타락했다는 사실을 깨닫습니다. 게다가 그에게 신분 상승의 기회를 줬던 유산은 강도이자 탈옥수인 매그위치가 남긴 것이었습니다.

핍은 결국 자신의 믿음을 수정해야 했습니다. 신분 대신 인간적 가치를 받아들이며, 자신의 오만함을 반성하고 진실한 관계를 다시 찾아가기 시작합니다. 핍의 성장은 나이가 들면서 저절로 이루어진 것이 아니라, 자신이 믿던 세계가 무너지는 고통과 그로 인한 자기 성찰을 거치며 비로소 이루어진 것이었습니다.

마츠모토 레이지의 SF 만화 『은하철도 999』는 주인공 호시노 테츠로가 세계에 대한 신념을 근본적으로 뒤바꾸는 이야기로, 성숙 플롯의 대표작이라고 할 수 있습니다. 테츠로는 기계 인간이 되면 고통 없이 영원히 살 수 있다고 믿으며 우주여행을 시작합니다. 그러나 여행을 계속하면서 기계 인간들의 삶이 결코 이상적이지 않다는 점을 깨닫습니다. 불멸의 육체가 오히려 영혼의 공허함과 인간성의 상실을 불러온다는 사실은 그의 믿음을 무너뜨립니다. 여러 행성을 여행하는 동안 다양한 인물을 만나고 메텔과 진정한 관계를 정립한 테츠로는 가치 체계를 재구성하고, 결국 인간의 유한한 삶을 선택합니다. 『은하철도 999』는 테츠로가 단순히 신체적으로 성장하는 이야기가 아닙니다. 어린 주인공이 세계에 대해 품고 있던 절대적인 믿음이 해체되지만, 그 대신 자신만의 가치 체계를 새롭게 쌓아 올리는 성숙의 이야기입니다.

성숙 플롯에서는 주인공이 믿어온 가치가 완전히 무너지는 '세계관의 붕괴'가 필수입니다. 주인공의 변화는 감당하기 어려운 충격적인 시련을 경험하면서 이루어집니다. 주인공은 기존에 굳게 믿어왔던 가치 체계를 수정하고 새로운 현실을 받아들여야만 하는 상황에 직면합니다. 처음에는 변화에 저항하며 내면의 갈등을 겪지만, 결국에는 자신이 달라져야 한다는 사실을 깨닫고 이를 수용하게 됩니다.

변모 플롯, 가장 극단적인 형태의 성장

주인공이 이미 다 자란 어른이어도 신념이나 가치관, 믿음을 완전히 버리고 새로운 존재로 다시 태어나는 이야기가 있습니다. 단순한 성장이 아니라 아예 사람이 바뀌는 이런 이야기는 '변모 플롯'이라고 불립니다. 세계관의 당위성이 무너지는 사건을 겪은 주인공은 완전히 다른 사람이 됩니다. 점점 무너져 내리다가 마지막에 가서야 자신이 달라졌다는 사실을 깨닫죠. 하지만 이 깨달음은 공짜가 아닙니다. 지혜를 얻는 대신, 중요한 것을 잃거나 고통스러운 대가를 치러야 합니다.

리들리 스콧 감독의 영화 〈라스트 듀얼: 최후의 결투〉(2021)를 봅시다. 주인공 마르그리트는 남편의 친구인 자크에게 성폭행을 당한 뒤 자신이 받은 고통을 세상에 알리려 하지만 그녀의 목소리는 철저히 무시됩니다. 원래 마르그리트는 사회의 규범과 결혼제도 안에서 주어진 자신의 역할에 순응하는 인물이었습니다. 그러나 이 사건으로 그녀 안에서 거대한 붕괴가 일어납니다. 당시에는 여성이 성폭행 피해를 증명하려면 재판 과정에서 매우 큰 모욕과 시련을 견뎌야 했습니다. '왜 도망치지 못했느냐?' '왜 과거에 자크가 잘생겼다고 말했었냐?' '왜 혼자 있는데 문을 열어줬느냐?' '남편을 사랑하냐?' '남편과 부부관계를 할 때 절정을 느끼냐?' 마르그리트 역시 이런 질문들에 답을 해야 합니다. 게다가 재판은 기본적으로 남성의 입장에서 진행되기 때문에 마르그리트가 이길 가능성은 거의 없어 보입니다. 만약 그녀가 억울한 남성을 무고했다는 판결이라도 나오면, 마르그리트는 벌거벗은 채로 화형을 당해야 합니다. 그런데 남편 장은 이 사실을 알면서도 결투 재판을 원하죠. 아내를 위해서가 아닙니다. 평소에 자크를 질투하던 그의 개인적 복수심 때문입니다. 자신이 지면 아내가 화형을 당한다는 사실을 마르그리트에게 숨기면서 소송을 종용한 거죠.

결투 재판이라는 시스템도 재밌습니다. 법리적 해석과는 상관없이 결투에서 이긴 자가 재판에서도 승소합니다. 신이 무고한 자를 결투에서 지게 둘 리가 없다는 세계관이 통하는 시대였기 때문이죠. 마르그리트는 처음에 남편이 자신을 지키기 위해 싸우는 줄 알았지만, 그가 개인적 복수를 위한 수단으로 그녀를 이용하고 있다는 사실을 서서히 깨닫습니다. 장은 아내의 목숨을 걸면서도 아랑곳하지 않습니다. 마르그리트는 남성들의 권력 다툼 속에서 철저히 도구로 취급됩니다. 심지어 가해자인 자크는 '여성들이 흔히 그러듯 의례상 반항하긴 했지만 강간은 아니었다.'라고 주장합니다.

마르그리트는 정치도, 사법도, 종교도 자신을 보호해 주지 않는다는 사실을 깨닫고 이 세계에 대한 신뢰를 완전히 버립니다. 그녀는 더 이상 남편의 결투를 응원하지도, 정의가 실현되리라고 믿지도 않습니다. 결국 결투에서 남편 장이 승리하긴 하지만, 마르그리트는 그것을 승리라고 생각하지 않죠. 그녀는 이제 남편과 같은 세계관을 공유하지 않습니다. 신이 무고한 자를 이기게 해준다는 세계관도 받아들이지 않습니다. 그녀는 살아남았지만, 완전히 다른 사람이 됐습니다. 실존 인물이기도 한 마르그리트는 남편이 십자군 전쟁에서 죽은 뒤 재혼하지 않고 평생토록 혼자 살았다고 합니다.

변모 플롯은 가장 극단적인 형태의 성장을 보여줍니다. 단순히 경험을 쌓거나 더 나은 사람이 되는 정도가 아니라, 완전히 새로운 사람이 됩니다. 독자·관객은 이 과정을 따라가면서 주인공이 변화하는 순간의 무게를 함께 느낍니다. 그리고 세계관의 붕괴도 함께 경험하죠.

19강   원형 4:
                                        사랑의 덫

**내 인생을 망치러 온
나의 구원자**

　　　　　사랑이란 감정은 종종 주인공에게 가장 큰 시련을 선사하거나 몰락의 원인이 됩니다. 지금부터 소개할 플롯들의 중심에는 사랑이 있지만, 단순히 로맨틱한 감정을 다루는 데 그치지 않습니다. 사랑이 주인공의 삶을 어떻게 변화시키고 시험하는지를 보여줍니다. 누군가를 연애 감정으로 사랑하게 되는 이야기, 친구나 가족에 대한 사랑 이야기, 타인을 위해 어려운 선택을 감수하는 이야기 등이 그렇습니다. 이런 이야기에서는 인간이 다른 인간을 믿고 사랑하여 원래의 자신과 세계관을 기꺼이 파괴합니다.

주인공은 사랑을 이루고 행복해질 수도 있지만 데이미언 셔젤 감독의 〈라라랜드〉(2016)처럼 결국 연인과 헤어질 수도 있습니다. 죽음을 맞이할 수도 있고, 누군가를 대신해 희생할 수도 있습니다. 토비아스 교수의 분류에 따르면 '사랑 플롯', '금지된 사랑 플롯'의 일부, '희생 플롯'이 여기에 해당합니다. 사랑 이야기는 사람이란 덫에 걸려 기꺼이 자신을 변화시키는 이야기이죠. 이런 이야기에서는 사람, 인간관계, 인간에 대한 사랑이 주인공이 성취해야 할 결핍이 됩니다.

사랑 플롯, 인생 최대의 시련이 한 사람일 때

사랑 이야기의 본질은 사람에 대한 결핍과 세계관의 충돌, 그리고 변화에 있습니다. 사랑에 빠진다는 것은 자신의 불완전함을 인정하고 타인을 통해 결핍을 채우려는 시도입니다. 이때 필연적으로 기존 세계관의 붕괴와 재구성이 따라오죠. 사랑이란 감정이 주인공에게 시련을 안기는 이유는, 사랑이 단순한 감정적 경험이 아니라 자아의 근본적 변화를 요구하기 때문입니다.

사랑 이야기는 대부분 주인공들 서로의 결핍 때문에 생기는 갈등을 주로 다룹니다. 결핍된 것을 추구하는 행위 자체가 시련으로 작용하며, 주인공들은 이 과정에서 기존의 세계관을 버리고 새롭고도 더 완전한 세계관으로 이동합니다. 인간은 근본적으로 연결과 소속을 갈망하는 존재이므로, 사랑 플롯은 고립된 개인이 타인과 관계를 맺고 존재적 결핍을 채우려는 여정을 그립니다.

리처드 링클레이터 감독의 〈비포 선라이즈〉(1995)는 사랑을 매개로 인간의 결핍과 세계관 변화가 어떻게 작동하는지를 섬세하게 묘사한 작품입니다. 우연히 기차에서 만난 제시와 셀린은 '진정한 연결'의 부재를 경험해 왔으며, 이 만남을 통해 서로의 세계관에 균열을 일으킵니다. 제시의 즉흥적인 제안은 셀린이 그간 고수해 온 감정적 거리, 계획적인 삶과 충돌하지만, 그들은 하룻밤 동안 깊은 대화를 나누며 서로의 내면을 들여다봅니다. 영화는 이들이 다시 만날 수 있을지에 대해 명확한 결말을 제시하지 않지만, 두 사람 모두 이 짧은 만남으로 인생을 바라보는 방식이 변화했다는 점을 강조합니다. 사랑은 이처럼 일시적인 연결이라 하더라도, 존재적 결핍을 채우고 세계관을 다시 쓰게 만드는 강력한 경험으로 기능합니다.

이번에는 미셸 공드리 감독의 〈이터널 선샤인〉(2004)을 봅시다. 이 영화는 기억과 정체성, 그리고 사랑의 관계를 통해 인간의 결핍과 세계관의 변화를 탐구하는 작품입니다. 두 주인공 조엘과 클레멘타인은 상반된 성격을 가졌습니다. 내성적이고 감정을 억누르는 조엘, 충동적이고 불안정한 클레멘타인은 서로에게서 자신의 결핍을 발견하고 사랑에 빠지지만, 이는 관계를 지속하는 데 단점으로 작용하기도 합니다. 결국 둘의 관계는 파국을 맞고, 클레멘타인은 조엘에 관한 기억을 삭제하기로 합니다. 조엘 역시 복수심에 불타서 기억을 삭제하기로 하지만, 과거의 기억을 되짚어 보는 과정에서 클레멘타인과의 관계가 자신에게 얼마나 소중한지를 깨닫습니다.

지워버리려 했던 기억이 헤어진 연인과 오히려 다시 연결되는 장치로 작동하는 이 영화는 실패한 사랑의 의미, 상처를 반복하면서도 다시 사랑을 선택하는 용기를 보여줍니다. 결말에서 두 사람은 이미 실패했던 관계임을 알면서도 다시 시작하기로 합니다. 이 결심은 이상화된 사랑이 아니라 결점과 고통, 반복되는 상처를 수용하는 새로운 관계 맺음이자, 회피로부터 성숙으로의 전환을 의미합니다.

스파이크 존즈 감독의 영화 〈그녀〉(2013)는 주인공 테오도르가 인공지능과 사랑에 빠지는 이야기를 그린 SF 로맨스입니다. 테오도르는 아내와 이혼 뒤 마음의 문을 닫고 친밀감을 회피하는 삶을 살아갑니다. 하지만 인공지능 사만다와의 관계는 그에게 전적인 수용과 연결이라는 새로운 경험을 선사합니다. 사만다는 그의 감정을 있는 그대로 받아들이고 반응하며, 점차 단순한 운영체제를 넘어 자아를 가진 존재로 진화합니다. 그러나 두 존재의 본질적 차이(물리적 실존의 부재, 인공지능의 급진적 진화)는 결국 이들의 관계에 선을 긋고 말죠. 사만다는 자신이 8,316명과 동시에 이야기하고 있으며, 그중 테오도르와 같은 식으로 사랑에 빠진 상대는 641명이라는 사실을 고백합니다. 사만다의 사랑을 다자 간 연애 즉, 폴리아모리Polyamory로 보는 것은 인간의 기준입니다. 인간은 하나의 신체로 규정되므로, 한 몸으로 동시에 여러 명과 연애하면 불륜이 됩니다. 하지만 시간과 공간과 신체를 초월한 인공지능 사만다는 일대다 관계를 맺으면서도 동시에 테오도르와의 일대일 관계에 충실할 수 있습니다. 하지만 인간 테오도르는 이 개념을 이해하기가 몹시 어렵습니다. 이것은 인간의 세계관과 디지털의 세계관이 마주했을 때 생기는 필연적인 붕괴입니다.

〈그녀〉는 인공지능과의 사랑이 인간의 존재와 감정에 어떤 변화를 일으킬 수 있는지에 관한 정서적 고찰을 담고 있습니다. 사만다와의 이별은 또 다른 상실이지만, 테오도르는 이 관계를 경험하고 나서야 자신의 감정에 다시 접속할 수 있게 됩니다. 그리고 인간성과 연결의 의미를 재정의합니다. 결말에서 그는 현실의 인간과 다시 진솔하게 관계를 맺을 수 있는 가능성을 회복한 상태입니다.

사랑 플롯을 채택한 이야기 중에는 〈이터널 선샤인〉처럼 둘의 세계관이 성공적으로 통합되면서 해피엔딩으로 끝나는 이야기도 있지만, 〈그녀〉처럼 둘의 세계관이 충돌하거나 〈로미오와 줄리엣〉처럼 외부 세계관과 충돌하면서 비극으로 끝나는 이야기도 있습니다. 비극적인 사랑 이야기에서는 주인공들이 가지고 있던 당위적 세계관이 파괴되는 과정이 그려집니다. 이들은 사회가 규정한 도덕적 틀 안에서 살아왔고, 그 경계를 넘지 않는 것이 옳다고 믿어왔습니다. 그러나 사랑을 계기로 자신의 욕망과 사회적 규범 사이에서 갈등하게 되고, 결국 기존의 세계관이 무너지는 경험을 합니다. "이름이 무슨 의미가 있나요? 장미를 다른 이름으로 불러도 향기는 똑같을 텐데."라는 줄리엣의 대사는 세계관 속 자신의 좌표가 붕괴됐다는 사실을 고합니다.

사랑 플롯의 핵심은 주인공이 사랑하는 대상을 위하여 기꺼이 자신의 세계관을 무너뜨리는 데 있습니다. 주인공들은 서로의 존재를 통해 자신의 불완전함을 발견하며 결핍을 채우고, 이 과정에서 기존의 세계관이 붕괴하고 새로운 이해를 얻습니다. 사랑 이야기들이 유독 강렬하게 느껴지는 이유는 우리가 연결과 완전함을 갈망하는 존재이기 때문입니다.

**희생 플롯, 결핍을 메우고
승리자가 되는 순간**

희생 이야기에는 가장 숭고하고 비극적인 사랑이 담겨있습니다. 이런 이야기의 핵심은 주인공이 자신의 생명, 행복, 꿈, 세계관 등을 포기하고 다른 사람을 위해 기꺼이 희생하는 선택에 있습니다. 이런 이야기는 단순히 좋은 사람이 자기희생을 통해 이타적인 사랑을 행하는 것이 아닙니다. 주인공이 그 희생을 통해 그가 속한 세계관 속에서 구원을 받을 수 있어야 합니다.

희생 이야기의 주인공은 대개 깊은 결핍을 안고 있습니다. 이 결핍은 물질적 차원보다는 존재적이고 정서적인 이유에서 비롯합니다. 인정받지 못한 사랑, 회복하지 못한 상처, 속죄하지 못한 죄책감, 의미를 찾지 못한 삶 등이 이유입니다. 주인공은 이러한 결핍을 채우기 위해 희생을 선택합니다.

마이클 베이 감독의 영화 〈아마겟돈〉(1998)을 예로 들어 보겠습니다. 그다지 좋아하는 영화는 아니지만, 희생 플롯을 설명하기에 적절한 캐릭터들이 나와서 여기에 소개합니다. 주인공 해리는 노련하고 과묵한 시추공입니다. 감정 표현이 적고 묵묵히 책임과 의무를 다하는 캐릭터이죠. 해리에게는 그레이스라는 딸이 있습니다. 아내가 그들을 버리고 떠났기 때문에 그레이스가 어릴 적부터 작업 현장에 데리고 다녔습니다. 그레이스는 '아빠' 대신 '해리'라고 이름을 부르며, 부녀 사이는 별로 좋지 않아 보입니다. 게다가 부하 직원인 AJ가 그레이스와 하룻밤을 보내서 해리가 격노하는 사건까지 일어납니다.

이런 와중에 소행성이 날아와 지구가 멸망한다는 뉴스가 전해집니다. 그러나 다행히 소행성에 구멍을 뚫고 폭탄을 집어넣어서 파괴하면 충돌을 막을 수 있다고 하네요. 전문가에게 물어보니 이렇게 하면 파편들이 지구로 날아와도 실제로는 산탄총 같은 효과만 있다고 하지만, 아무튼 영화니까 그러려니 합시다. 시추 실력으로 인정받던 해리는 NASA가 의뢰한 소행성 폭파 임무를 받아들입니다. 그가 아니면 적임자가 없다는데 거절한다면 딸도 지구 멸망과 함께 죽겠죠. 해리 일행은 우주로 날아가서 온갖 고생을 하지만 원격 기폭 장치가

고장 나고, 결국 누군가가 폭탄과 함께 남아야 하는 상황이 됩니다. 누가 남을지 제비뽑기를 하는데 AJ가 뽑혀요. 그러나 해리가 AJ 대신 남겠다고 합니다. 해리는 묵묵히 폭탄을 설치한 뒤 "우리가 이겼다, 그레이시!"라는 마지막 대사를 남깁니다.

해리의 선택은 '딸을 구하기 위한 아버지의 희생'에서 '인류를 위한 희생'으로 격상됩니다. 대체 그는 왜 희생했을까요? 성에 안 차는 딸의 남자 친구가 마침 제비를 뽑았으니 그냥 두고 오면 되잖아요? 하지만 해리는 생각했을 겁니다. '누가 지구로 돌아가는 편이 딸에게 더 행복할까?' 'AJ가 제비뽑기로 희생됐다고 말하면서 딸의 얼굴을 볼 수 있을까?' 즉, 아버지라는 이유로 희생을 선택하는 겁니다. 해리는 딸을 위해서, 딸의 남자 친구를 대신하여 단호하게 죽음을 선택할 수 있는 캐릭터로 위대함이 극대화됩니다. 마침 임무를 함께하며 AJ의 능력과 됨됨이를 확인할 수도 있었습니다. 그래서 AJ에게는 "난 너를 싫어하지 않았다. 아들이라고 생각했다." 같은 감동적인 말을 남겨서, 그의 희생에 대한 설득력을 어느 정도 채워줍니다.

희생 이야기를 만드는 창작자들이 종종 저지르는 실수 중 하나는 '초반에 주요 인물들의 관계를 좋게 설정하는 것'입니다. 희생할 만한 관계의 인물이 희생하게 만들려는 의도이죠. 〈아마겟돈〉으로 치면 처음부터 해리와 그레이스, AJ 이 셋의 사이가 무척 좋은 겁니다. '저는 장인어른이 제 아버지 같아요.' '나는 자네가 내 딸보다 더 좋아.' '어머 아빠도 참, 나보다 사위를 더 좋아한다니까.' 이런 식으로 하하거리는 모습을 보여주는 거죠. 그런데 이런 상태에서 아버지가 희생하면 너무 납작한 신파가 됩니다. 설득력이 걱정된다고 해서 '원래부터 가족 이상으로 사랑했으니까 대신해서 희생한다.' 라는 수준으로 주인공의 희생을 격하시키고 시시하게 만들면 안 됩니다. 희생은 사랑의 가장 어려운 실천입니다. 그러므로 인간의 입체적인 심리를 이해하지 못한 상태에서 설득력만 신경 쓰면 '진짜 인간'은 나오지 않는 이야기가 됩니다. 스승의 복수, 부모의 유언, 가족의 죽음, 여자 친구의 납치, 병에 걸린 딸, 조국의 구원 같은 동기로 주인공이 희생하는 이야기들이 널린 이유가 바로 이겁니다. 모든 것을 설명하는 동기는 실은 아무것도 설명하지 못합니다.

설득력은 인간의 결핍을 좀 더 근원적으로 파고들어야 찾을 수 있습니다. 해리에게는 엄마 없이 자란 딸에 대한 부채감, 딸에게 안정적인 환경을 줬어야 했다는 죄책감을 씻고자 하는 결핍이 있습니다. 지금이라도 안정적인 환경을 마련해 주려면 든든한 남편감과 지구의 생존이 전제 조건이 되겠죠. 그러므로 해리는 희생을 통해 '좋은 아버지라면 딸의 진정한 행복을 위해 무엇이든 할 수 있다.'라는 세계관의 마초적 메시지를 달성합니다. 〈아마겟돈〉에서는 해리가 희생할 수밖에 없는 장치를 하나 더 두어서 설득력을 보완했습니다. 폭파팀이 우주로 떠나기 전날 해리 부녀는 화해합니다. 해리는 딸에게 반드시 돌아오겠다고 약속하고요. 이 약속은 좌절될 오답이죠. 딸은 "제 약혼자도 꼭 같이 데려와 주세요."라고 덧붙입니다. 이 당부가 정답이 됩니다. 이것은 정언명령이므로, 해리는 목숨을 바쳐서라도 딸의 부탁만큼은 이루어주죠.

제임스 카메론 감독의 영화 〈타이타닉〉(1997)에서 잭이 로즈를 위해 목숨을 희생하는 선택은 희생 이야기의 전형적인 예입니다. 잭은 로즈를 널빤지에 올려서 생존할 수 있게 하고, 자신은 얼어붙은 바다에서 죽음을 맞이합니다. 이 희생은 두 사람이 만난 지 불과 며칠 만에 이루어진 것이지만, 찰나의 아름다움이 사랑의 순수함을 더 빛나게 합니다. 잭의 희생은 로즈에게 단순히 생존 이상의 의미로, 인생을 주체적으로 살아갈 용기를 불어넣어 줍니다.

희생 플롯은 인간의 가장 근원적 욕망인 '의미 있는 연결'과 '삶의 완성'을 이야기합니다. 주인공은 자신의 생명이나 행복을 기꺼이 포기하는 대신 타인과 깊은 유대를 형성하고 존재적 결핍을 해소합니다. 주인공은 희생하기 전에는 그 세계관에서 완성되지 못한 존재입니다. 〈그랜 토리노〉의 월트처럼 말이죠. 이 희생은 단순한 피해나 소모가 아니라, 주인공이 가진 내면의 상처나 죄책감, 책임감에 대한 응답이자, 사랑의 가장 극단적인 실천이 됩니다. 이런 이야기에서 희생은 한 인간이 타인을 위해 자신을 초월하는 행위이며, 덕분에 사랑은 가장 순수하고도 강력한 형태로 완성됩니다. 희생 이야기가 시대와 문화를 초월하여 보편적 감동을 선사하는 이유가 여기에 있습니다. 희생은 사랑의 완성형이며, 우리가 이 가치를 직관적으로 받아들이는 이유는, 인간이 본능적으로 연결과 의미를 갈망하는 존재이기 때문입니다.

이런 맥락에서 보면, 인류가 예수의 희생을 단순한 전설이 아니라 사랑과 구원의 상징으로 기억해 온 이유도 이해가 됩니다. 희생이야말로 인간이 도달할 수 있는 가장 숭고한 사랑의 형태라는 믿음을 증명하기 때문입니다. 마찬가지로, 부처가 보리수나무 아래에서 이 세상의 고통을 온몸으로 감내하는 수행으로 중생의 괴로움을 이해하고 깨달음에 이른 이야기를 인류가 각별하게 여기는 이유도 이해가 됩니다. 부처의 고행은 타인의 고통과 연결되기 위한 자기 초월의 여정이었고, 여기에는 자신을 넘어 타인을 위한 존재가 되려는 사랑의 본질이 담겼습니다. 이처럼 희생은 이야기의 세계에서 인간을 가장 인간답게 하는 숭고한 선택으로 여겨집니다.

20강   **원형 5:
                                             운명적 선택**

**내 선택이
내 운명을 결정한다**

운명 이야기는 주인공의 어떤 행동이 인생을 결정하는 구조를 가집니다. 주인공은 운명을 하늘에서 주어지는 것이 아니라, 자신의 행동을 통해 스스로 만들어가는 것이라고 믿습니다. 이 이야기 구조 속에서 성공하는 자는 스스로 기회를 만들고, 몰락하는 자는 스스로 무너지죠.

어떤 인물이 특정한 선택의 결과로 운명이 준비한 보상을 받는 이야기를 생각해 봅시다. 토비아스 교수에 따르면 이런 이야기는 '상승 플롯'에 해당합니다. 주인공이 시련을 극복하면서 점점 더 강해지고 결국 성공이나 승리를 거두는 이야기 구조이죠. 일반적으로 운명 이야기의 주인공은 처음에 사회적으로 낮은 계층이거나 불리한 상황에 있습니다. 심리적으로 불안정할 뿐만 아니라 인간으로서 누려야 할 가장 기본적인 요소들이 결핍된 상태입니다. 경제적 안정성, 사회적 지위, 가족의 사랑, 안전한 장소, 인권, 자아 정체성 등이 부족한 상태로 이야기가 시작됩니다. 이러한 결핍은 주인공에게 깊은 상처와 더불어 강한 동기를 부여합니다.

주인공은 자신의 결핍을 채우기 위해 여정을 시작하고 도중에 수많은 시련을 마주합니다. 이 시련들은 단순한 장애물이 아닙니다. 각 시련은 주인공의 성장을 위한 필수 과정입니다. 이때 주인공이 시련을 어떻게 해석하고 여기에 어떻게 대응하는지가 그의 운명을 결정합니다. 여정 속에서 주인공은 기회를 잡고 노력과 인내를 통해 삶의 질서를 회복합니다. 나딘 라바키 감독의 〈가버나움〉(2018) 속 자인이 신분증도 없이 인간 이하의 삶을 살지만 끝내 부모를 고소하며 자신이 존재할 자리를 만들어 낸 것처럼 말이죠. 주인공의 선택과 행동, 그리고 그가 극복한 시련이 운명을 결정한다는 점이 중요합니다. 그러므로 이야기에 따라서 능력주의 신화가 강조되기도 합니다.

이러한 운명 이야기는 곧 세계관에 대한 이야기와 다름 없습니다. 주인공의 결핍과 시련은 세계의 불균형 상태를 상징합니다. 그가 성장하고 결핍을 채워가는 과정은 세계관의 질서를 회복하는 과정과 맞닿아 있고요. 주인공 개인의 성장이 궁극적으로는 세계의 더 큰 조화로 이어집니다. 주인공이 결핍을 채우면서 세계의 균열도 함께 치유되기 때문입니다.

대니 보일 감독의 영화 〈슬럼독 밀리어네어〉(2008)가 대표적입니다. 빈민가 출신의 소년 자말은 물질적 풍요와 사회적 인정에 대한 결핍을 안고 살아갑니다. 그는 퀴즈쇼에 참가하여 점점 상금을 쌓아가죠. 워낙 여러 방면에서 퀴즈가 출제되기 때문에 내로라하는 지식인들도 고전하는 이 퀴즈쇼에서 자말은 연달아 정답을 맞히고 승승장구합니다. 자말이 맞히는 퀴즈들은 그의 인생 경험과 이어져 있습니다. 그가 겪은 각각의 시련(어머니의 죽음, 구걸하며 지낸 시간, 사기꾼에게 속았던 경험, 거리의 폭력)이 퀴즈의 정답을 알려주는 살아있는 정보가 됩니다. 즉, 행운이 그에게 무작위로 주어진 것이 아니라, 그가 겪은 시련이 결국 승리의 운명을 만들어낸 것이죠. 자말의 승리는 개인의 성공을 뛰어넘는 의미를 지닙니다. 불공정한 사회 구조 속에서 정의와 균형이 회복되는 과정이기도 합니다. '네가 겪는 시련은 이유 없이 주어지지 않았다.

고행하듯 인내하고 극복하면 보상이 온다.'라는 세계관의 메시지가 이로써 성취됐습니다.

유혹과 몰락 플롯, 잘못된 선택이 파멸을 초래한다

운명이 준비한 처벌을 받는 이야기도 있습니다. 선택에 대한 대가를 치르는 구조이죠. 이러한 몰락의 서사에서도 주인공은 처음부터 결핍을 안고 있습니다. 이 결핍은 물질적 차원일 수도 있고, 사회적 인정이나 권력, 내면의 공허함 같은 정신적 차원일 수도 있습니다. 비슷한 결핍을 가진 사람들이 모두 똑같은 선택을 하지는 않습니다. 몰락 이야기에서는 주인공이 도덕적 가치를 버리는 선택을 합니다. 마치 로켓이 대기권을 돌파하기 위해 가장 무거운 연료통을 버리듯, 주인공은 목표를 달성하기 위해 가장 방해가 되는 도덕적 가치와 양심을 버립니다. 이런 이야기는 토비아스 교수의 분류에 따르면 '몰락 플롯'과 '유혹 플롯', 그리고 '금지된 사랑 플롯'으로 분석할 수 있습니다.

처음에 현실과 조금씩 타협해 가는 주인공의 선택은 어쩔 수 없는 필요악처럼 보입니다. 그러나 시간이 지나면서 주인공은 더 큰 타협을 하게 됩니다. 그리고 선택의 순간마다 도덕적 감각이 둔해지고, 그 변화가 쌓이면서 돌이킬 수 없을 정도로 타락합니다. 부, 명예, 권력, 사랑 등 원했던 것을 얻지만 사랑하는 사람들, 본래의 자아 같이 가장 지키고 싶었던 것들을 모조리 잃어버립니다.

주인공의 몰락은 직선적이지 않습니다. 여러 차례 침체와 굴곡을 경험하며 이따금 회복의 기회를 얻기도 합니다. 그러나 그의 결핍은 이미 블랙홀 상태가 돼버렸고 타인은 물론 자신마저 붕괴시키기 시작했습니다. 그런데도 끝끝내 주인공은 잘못된 방식을 고수하고 마침내 완전한 몰락에 이릅니다. 이 몰락은 외부 환경이나 운명의 장난이 아니라, 전적으로 주인공의 선택에 따른 결과입니다. 세계관의 관점에서 보면, 이런 이야기도 '주인공의 선택이 그의 운명을 결정한다.'라는 질서를 성취합니다. 그 운명이 몰락일 뿐인 거죠.

윌리엄 셰익스피어의 비극 〈맥베스〉는 몰락 이야기의 고전입니다. 주인공 맥베스는 충성스럽고 명예를 아는 용맹한

● 이 책에서는 토비아스 교수의 '금지된 사랑 플롯'을 두 부분으로 나눠서 하나는 사랑 이야기에, 다른 하나는 몰락 이야기에 적용했습니다. 〈로미오와 줄리엣〉처럼 비극적 결말로 끝나더라도 사랑이 결핍의 핵심인 이야기는 사랑 플롯으로 분석했습니다. 반면, 『롤리타』처럼 도덕적 결함을 가진 주인공이 사람을 대상화하여 갈망하다가 주변인 모두를 파멸시키는 이야기는 유혹과 몰락 플롯으로 분석했습니다.

장군입니다. 그러나 세 마녀의 예언과 아내의 부추김으로 권력에 대한 욕망을 키웁니다. 맥베스의 내면에는 처음부터 야망이라는 이름의 결핍이 존재했지만, 이것이 반드시 비극으로 이어질 당위는 없었습니다. 그러나 그는 왕을 살해하기로 선택합니다. 첫 번째 선택 후, 권력을 지키기 위해 더 많은 살인을 저지르며 점점 더 잔인하고 편집증적인 인물로 변해갑니다.

맥베스는 직선적으로 몰락하지 않습니다. 스코틀랜드의 왕이 돼 외면적 성공을 거두지만, 내면에서는 고통과 공포, 환각에 시달립니다. 결국 그는 일련의 선택이 초래한 비극적 종말을 맞이합니다. 아내는 광기에 빠져 자살하고, 맥베스는 적에게 참수됩니다. 이러한 몰락은 도덕적 경계를 넘어선 대가가 얼마나 끔찍한지를 경고합니다.

이번에는 블라디미르 나보코프의 소설 『롤리타』를 보겠습니다. 이 이야기는 금지된 사랑 플롯으로 볼 수도 있지만, 자세히 들여다보면 유혹과 몰락 플롯에 더 가깝습니다. 중년의 문학 교수 험버트는 12세 소녀 돌로레스 헤이즈(롤리타)에게 병적으로 집착합니다. 험버트는 자신의 욕망을 정당화하기 위해 어릴 적에 겪은 사랑의 실패를 변명거리로 가져옵니다. 그는 지적인 교양인으로서의 정체성과 소아성애적 욕망 사이의 모순을 해결하기 위해, 롤리타를 '님프'라는 특별한 존재로 규정하고 그녀에 대한 집착을 예술적 감수성으로 포장합니다. 심지어 롤리타에게 접근하기 위해 그녀의 어머니 샬롯과 결혼하는 극단적인 방법을 선택하죠. 바로 이것이 험버트가 타락으로 향하는 첫 번째 선택입니다.

샬롯이 죽고 난 뒤 험버트는 롤리타의 의붓아버지 자격으로 그녀를 데리고 여기저기 여행을 다니며 강간합니다. 이 작품의 특이한 점은 롤리타의 인물 설정에 있습니다. 롤리타는 우리가 아는 피해자의 모습을 하고 있지 않습니다. 험버트에게 먼저 달려들어서 키스하고 그의 뺨을 때리며 짓궂은 장난을 칩니다. 자주 웃고 명랑한 모습으로, 다른 성인 남자를 유혹하기도 합니다. 심지어 롤리타는 험버트가 자신을 좋아한다는 사실도 처음부터 눈치채고 있습니다. 아무리 버릇없이 굴어도 야단맞지 않는다는 점을 알고, 험버트가 그녀 앞에서 쩔쩔매는 모습을 즐깁니다. 일방적으로 사랑받고 숭배받는 관계에서 우위를 점한 여성이 남성에게 휘두를 수 있는 무기를 망설이지 않고 사용합니다.

롤리타의 인물상이 마치 험버트를 위한 변명처럼 그려지는 데는 이유가 있습니다. 주인공 험버트의 눈앞에 놓인 시련의 총체가 바로 롤리타이기 때문입니다. 『롤리타』는 험버트와 롤리타의 사랑을 그린 작품이 아닙니다. 인간이 죄악에 빠지는 이야기입니다. 죄악은 꼭 험상궂은 얼굴로 나타나지만은 않습니다. 별것 아닌 듯, 마치 죄가 아닌 것처럼, 그럴싸한 변명으로 무장한 채 탐스러운 모습으로 나타납니다. 그러나 죄악이 아무리 그럴싸한 변명을 갖추고 있더라도 그것을 탐하겠다는 결정은 오로지 인간의 선택에 달렸습니다. 그러므로 죄악은 어떤 경우에도 탐한 자의 책임이 되고, 결국 그 인간은 파멸합니다. 이 이야기에서는 롤리타가 아니라 험버트의 결핍이 그를 유혹한 겁니다. 롤리타는 신기한 무기를 손에 쥔 어린아이 같이 행동했을 뿐이죠. 게다가 이 무기는 처음부터 롤리타에게 있던 것이 아닙니다. 험버트가 그녀에게 무기를 준 탓에, 버릇없는 것이 죄의 전부였던 롤리타의 인생마저 철저하게 파괴되고 맙니다. 결국 『롤리타』는 죄를 사랑한 사람이 무시무시한 블랙홀이 돼버리는 몰락의 이야기라고 할 수 있습니다.

이어서 박찬욱 감독의 영화 〈헤어질 결심〉(2022)을 봅시다. 주인공 해준은 법과 질서를 수호하는 형사로서의 정체성과 살인 용의자 서래에 대한 감정 사이에서 균열을 경험합니다. 처음에 해준의 세계관은 선/악, 법/무법의 명확한 구분 위에 서 있었지만, 서래와의 만남으로 이 경계가 흐릿해집니다. 자신이 지켜온 원칙과 새롭게 싹튼 감정 사이에서 혼란을 겪으며, 결국 직업적 정체성과 개인적 욕망 사이의 경계가 무너지는 경험을 하죠. 서래가 무혐의 처분을 받는 순간이야말로 해준에게 가장 위험한 순간입니다. 이렇게 되면 서래와의 사랑이 안전하고 무결해 보이기 때문입니다. 마침내 해준은 죄악이 순진함과 무고함을 가장하는 순간의 유혹을 이기지 못하고 사랑에 빠집니다. 〈헤어질 결심〉과 『롤리타』에서 묘사되는 '몰락으로의 유혹'은 서로 닮아있습니다. 주인공이 어쩔 수 없이 사악한 유혹에 굴복하는 것이 아닙니다. 주인공은 자신의 결핍으로 인해 이미 유혹에 빠질 준비를 마쳤고, 죄악이 그럴싸한 변명으로 가장하기를 기다리고 있는 것으로 보아야 합니다. 자신에게 필요도 없는 물건을 사고 싶어서, 그것이 꼭 필요한 이유를 찾느라 안달이 날 때가 있죠. 바로 이것이 유혹에 빠지는 주인공의 상태입니다.

사랑이 시작되고 해준은 서래가 진짜 살인범이라는 사실을 알게 됩니다. 이제 서래는 해준에게 최악의 악몽이자, 가장 파괴적인 대상이 됩니다. 형사라는 직업인의 세계관에서 가장 사랑해서는 안 되는 사람을 사랑하게 된 겁니다. 서래를 위해 증거를 인멸하는 순간, 형사로서 해준의 세계관이 붕괴합니다. 이는 서래도 마찬가지입니다. 서래 역시 해준을 사랑하게 되면서 자신의 세계관을 무너뜨리기로 합니다. 처음에는 알리바이를 조작해서라도 살아남고자 했지만, 이제 그녀는 해준에게 가장 아픈 상처가 되어 영원한 사랑을 완성하기로 합니다. 형사에게 영원히 잊을 수 없는 가장 아픈 상처는 무엇일까요? 그것은 미결 사건입니다. 서래는 이 세상에서 실종되는 방식으로 생을 끝맺고, 사건을 해결해야 하는 형사 해준에게 서래는 영원한 미결 사건이 됩니다. 이것이야말로 서로의 세계관을 붕괴시키는 이야기이죠.

고립된 성공, 승리가
승리가 아닐 때

유혹과 몰락의 플롯에는 다음과 같은 변주도 있습니다. 주인공이 사회적으로 정상의 자리에 오르지만, 사랑하던 사람을 모두 잃고 주변에 아무도 남아있지 않은 상태입니다. 주인공의 도덕적 타락 혹은 완전한 고립으로 끝나는 비극입니다. 영화 〈대부〉의 주인공 마이클 콜레오네가 대표적인 예입니다. 처음에 마이클은 가업인 마피아 비즈니스에 절대로 관여하지 않겠다며 확고한 의지를 표명하는 도덕적인 청년이었습니다. 그는 대학을 졸업하고 군 복무도 명예롭게 마친 뒤, 아버지 비토 콜레오네와는 다른 삶을 살고자 하죠. 그러나 아버지를 향한 암살 시도가 있고 난 뒤, '단 한 번'만이라면서 가족을 위해 범죄의 세계에 발을 들입니다. 단 한 번 도덕적 타협을 선택했을 뿐인데 이 결정은 마이클을 점점 더 깊은 어둠의 세계로 끌어들입니다. 결국 그는 아버지보다 더 냉혹하고 계산적인 마피아 두목으로 변모하죠.

마이클의 여정에서 우리는 강한 의지와 카리스마를 지닌 인물이 일련의 도덕적 난관을 직면하는 순간을 목격합니다. 처음의 선택은 가족을 지키기 위한 결정이었지만, 점차 그의 선택은 권력과 통제에 대한 욕망으로 변질됩니다. 마이클은 자신의 가치관을 지키기 위해 시작했던 여정에서, 결국 그 가치관 자체를 잃어버립니다. 그는 엄청난 권력과 부를 얻었지만, 자신의 영혼과 가족의 사랑, 그리고 본래의 자아를 잃었습니다. 시리즈의 마지막에 마이클은 모든 적을 물리치고 콜레오네 가문의 절대적 지배자가 되지만, 그 과정에서 아내 케이의 사랑과 신뢰를 잃고, 매부를 죽이고 여동생의 증오를 받으며, 아버지 때부터 함께하던 오랜 부하를 죽입니다. 마지막 장면에서 그는 마피아 대부의 자리를 제외하면 아무것도 없는, 완벽하게 고립된 모습으로 그려집니다. 마이클은 도덕적으로 타락하고, 지키려 했던 모든 것을 잃어버린 채, 권력의 정상에 홀로 남았습니다.

데이비드 미쇼 감독의 시대극 〈더 킹: 헨리 5세〉는 또 다른 형태의 '고립된 성공'을 보여줍니다. 윌리엄 셰익스피어의 원작을 재해석한 이 영화에서 주인공 할 왕자는 처음에 왕좌를 원하지 않았습니다. 그는 평범한 삶을 살고자 했고, 아버지 헨리 4세의 정치적 야망과는 거리를 뒀습니다. 할 왕자가 운명의 부름을 피했던 이유는 전쟁의 참상과 죽음의 허무함을 잘 알고 있었기 때문입니다. 그러나 자기 대신 전쟁에 나간 동생이 전사하고 아버지도 사망하자, 그는 아버지와는 다른 왕이 되겠다면서 헨리 5세로 등극합니다. 헨리는 처음에 평화를 추구하지만, 신하들의 압력과 정치적 현실이 그를 전쟁으로 몰아갑니다. 그는 뛰어난 지도력과 용기를 발휘해 프랑스와의 전쟁에서 기적 같은 승리를 이끌고, 결국 프랑스의 왕위 계승권까지 얻습니다. 외면적으로는 완벽한 성공입니다.

그러나 헨리의 승리는 쓰디쓴 것이었습니다. 그는 전쟁 전부터 교류하던 사이인 노섬벌랜드 백작을 프랑스와 내통했다는 혐의로 처형합니다. 아쟁쿠르 전투에서는 사랑하는 친구 팔스타프를 미끼로 희생시킵니다. 포로를 모두 죽이는 잔인한 결정도 내립니다. 유일한 조언자였던 윌리엄 대법관의 음모에 자신이 이용됐을지도 모른다는 사실을 깨닫고는 그를 처형해 버립니다. 이 장면을 부패 척결에 대한 강력한 의지라든가 단호한 리더십으로 해석하는 경우도 있지만, 그렇게 단순한 상황은 아닙니다. 이 장면은 처음부터 끝까지 완전한 진실을 원했던 헨리의 바람이 좌절되는 순간입니다. 왕의 자리까지는 진실이 온전한 상태로 전해질 수 없었던 거죠. 나라를 위해서 그랬다는 윌리엄 대법관의 말은 어느 정도는 진실이었을 겁니다. 그러나 영국이 전쟁에서 승리하며 대법관이 부자가 된 것도 사실입니다. 가장 큰 문제는 프랑스와 전쟁을 하기 위해 대법관이 왕을 속였다는 사실입니다. 헨리는 대법관의 말을 믿고, 프랑스와의 전쟁을 반대하는 노섬벌랜드 백작을 처형했으니까요.

이런 승리는 진정한 승리가 아닙니다. 헨리는 누구의 꼭두각시도 되고 싶지 않았고, 아버지와는 다른 길을 걷고 있다고 믿었지만, 결국 왕의 자리에 도달하는 이야기들은 모두 왜곡될 수밖에 없다는 사실을 깨닫습니다. 그 어떤 진실도 온전하게 볼 수 없는 암흑 상태의 고립이 왕좌에 앉은 자의 숙명이었습니다. 영화의 결말에 헨리는 프랑스 공주와 정략결혼을 하고 두 나라의 통치자로 군림하지만 철저히 고립된 상태입니다. 그가 유일하게 신뢰할 수 있는 사람은 자신을 증오하는 프랑스 공주뿐입니다. 그녀는 헨리를 미워하기에 그에게 원하는 것도, 그를 속일 필요도 없기 때문입니다. 헨리는 공주에게 단 하나만을 부탁합니다. '나에게 진실만을 말할 것을 맹세해 달라.' 이것이 〈더 킹: 헨리 5세〉가 품은 세계관의 메시지입니다. 왕이라는 존재가 진실을 들을 수 있는 유일한 대상은 자신을 맹렬하게 증오하는 상대뿐입니다. 앞으로 헨리는 진실을 듣고 판단하는 왕의 숙명을 행하기 위해 사랑을 포기하고 고립 속에서 증오의 도움을 받으며 살아야 합니다.

유혹과 몰락의 플롯은 주인공의 내면적 타락이 외면적 성공과 어떻게 공존하는지, 그리고 그것이 궁극적으로 어떻게 비극으로 귀결되는지를 보여줍니다. 이는 '내 선택이 내 운명을 결정한다.'라는 세계관의 냉혹한 진실을 드러내면서, 도덕적 타협에 대한 대가가 무엇인지를 강력하게 경고합니다. 운명 이야기의 주인공은 처음부터 결핍을 갖고 있었으므로 유혹에 빠져서 도덕을 버리고 타협하는 선택을 합니다. 그리고 그 결과, 완전한 파멸 혹은 고립된 성공이라는 벌을 받게 됩니다.

21강

원형 6:
질서의 회복 혹은 파괴

비현실적으로 괴이한 난제가 이성의 말끔한 논리로 풀리는 이야기가 있습니다. 반대로, 이성적으로 해결하려는 시도가 모두 실패하며 완전한 혼돈으로 끝나버리는 이야기도 있습니다. 전자의 경우는 추리물, 후자의 경우는 호러물이 됩니다. 추리물과 호러물은 서로 완전히 반대의 세계관을 지향하지만, 공통점도 갖고 있습니다. 이성의 싸움이란 점이죠. 이런 이야기에서는 '이성이 승리하여 합리적 세계관의 상처를 봉합하는가?' 혹은 '이성의 패배로 일상적 세계관에 균열이 생기는가?'가 문제가 됩니다.

미스터리 플롯,
이성적 질서의 회복

토비아스 교수의 분류에 따르면, 수수께끼를 풀어내는 규칙을 가진 이야기 구조를 '수수께끼 플롯'이라고 합니다. 아서 코난 도일의 『셜록 홈스』 시리즈가 대표적이죠. 이런 이야기의 세계관은 단순명료합니다. '탐정은 수수께끼를 해결한다.'라는 세계관은 인류의 원초적 호기심과 질서에 대한 갈망을 완벽하게 반영합니다. 조각난 퍼즐, 해결되지 않은 의문, 이해할 수 없는 사건 등이 추리물의 핵심적 결핍입니다. 탐정은 '미결'이라는 이름의 결핍을 해소하며, 그 과정에서 유능한 탐정이라면 '아무리 어려운 수수께끼라도 해결하며, 과학과 이성이 해결하지 못하는 난제는 없다.'라는 세계관의 질서를 회복시킵니다.

인간은 본능적으로 미지의 대상에 대한 호기심을 품습니다. 동굴벽화를 그리던 선조들부터 오늘날 첨단 과학 연구에 이르기까지, 인류는 항상 설명할 수 없는 것들에 대한 설명을 찾아왔습니다. 호기심은 설명할 수 없는 것들에 대한 공포의 반영이죠. 추리물은 이 근원적 공포를 이성으로 정복하는 쾌감을 줍니다. 달리 말하면, 추리물은 인간의 이성에 대한 숭배를 반영한다고 할 수 있겠네요. 혼란스러운 세계에서 이성이라는 도구를 이용해 질서를 찾아낼 수 있다고 믿는 거죠. 추리 과정에서 이성의 승리를 목격하는 경험은 추리물의 핵심 매력입니다.

『셜록 홈스』 시리즈 중에서 단편 「푸른 카벙클」을 보겠습니다. 이 작품에서 셜록 홈스는 중절모를 줍고는 이렇게 말합니다. "중절모의 크기가 상당히 큰 것을 보니 머리가 큰 만큼 지적인 사람이 주인이겠군." 이 대사에는 근대의 상식에 맞추어 작가 나름대로 냉철한 이성과 과학적 사고로 합리적 설명을 제공하려고 노력한 흔적이 담겨있습니다. 추리소설은 근대에 등장한 특정한 형식의 문학입니다. 왜 하필 이 시기에 등장했을까요?

서구 사회는 중세 동안 기독교의 거대한 세계관으로 묶여있었습니다. 그러나 우리 생각만큼 일사불란한 통일은 아니었고, 전반적으로 기독교적 세계관을 느슨하게 공유하면서 지역마다 신비한 미신이나 이단을 믿었죠. 그래서인지 기독교 내부에도 구마 의식이나 성찬식 같은 신비로운 의식이 있었습니다. 이렇게 중세까지는 마법적 세계관 속에서 일상을 보냈다고 할 수 있습니다. 그런데 과학이 발전하면서 마법적 세계관이 힘을 잃고 그 자리를 근대 계몽주의가 대체했습니다. 근대는 합리적인 이성을 숭배하는 세계였습니다. 신비주의적 종교관, 봉건적 인습, 무지몽매한 미신 등에서 벗어나 과학과 기술이 세계를 밝히리라고 믿었죠. 계몽주의 시대의 이러한 '탈마법화' 풍조가 반영된 문학이 이성과 합리성, 논리적 인과관계를 특징으로 하는 추리소설입니다. 왜 추리소설에서는 마지막에 탐정이 모두를 불러놓고 거창한 해설 시간을 가질까요? 이는 무지몽매의 어둠 속에서 두려움에 떨고 있는 대중을 지식인이 계몽하는 순간에 대한 비유입니다.

현대를 살아가는 우리는 근대의 계몽주의가 가졌던 한계와 문제점을 이미 알고 있죠. 당대의 추리소설에서 '과학적'이라며 떠받들어지던 이성과 합리성, 원인과 결과로 이어지는 매끈한 설계는 현대인의 눈에 비현실적으로 보입니다. 「푸른 카벙클」에서 셜록 홈스가 추리한 내용을 어떻게 생각하나요? '머리가 큰 사람은 지적이다.'라는 주장은 당시에 과학으로 받아들여졌던 골상학에 기반한 추론입니다. 지금도 골상학을 과학이라고 믿는 사람은 없죠.

일본의 추리 만화 『소년탐정 김전일』에 나오는 한 에피소드를 볼까요. 평소에 상냥하던 여학생이 처음 해본 살인을 퍼즐처럼 만들기 위하여, 살아있는 사람의 목을 전지가위로 잘라서 머리만 가지고 도망간다는 설정이 나옵니다. 이게 상식적으로 말이 될까요? 이는 추리물이라는 장르의 세계에서만 작동하는 합리입니다. 장르물의 플롯은 원인과 결과가 원자 단위로 영향을 주고받는 정교한 건축물과 같으므로, 다소 비현실적인 설정도 장르의 세계에서는 어느 정도 합리성을 갖고 통용될 수 있습니다. 우리가 사는 현실은 결코 이야기 속 세계처럼 돌아가지 않죠. 현실 세계는 우연한 사건들이 일어날 수도 있는 잠재적 영토이며, 이 사건들은 인과관계를 따르기보다는 그저 해프닝인 경우가 대부분입니다.

호르헤 보르헤스의 단편 「죽음과 나침반」을 봅시다. 주인공 뢴로트는 '모든 것에 의미가 있다.'라고 믿고 치밀한 추리로 사건을 해결하는 탐정입니다. 그러나 바로 이 믿음 때문에 뢴로트는 범인의 덫에 걸립니다. 첫 사건은 우연히 일어났지만, 범인은 '뢴로트라면 우연을 믿지 않고 사건의 이면을 탐구하겠지.'라고 생각하면서 다음 사건부터 함정을 설계합니다. 현실 앞에서 근대적 합리성은 그야말로 마법이자 신화입니다. 합리성의 덫에 자발적으로 걸려든 뢴로트가 죽을 자리를 스스로 찾아간 셈이 되어 생을 마감한다는 설정은 근대적 이성 만능주의의 종말이라고 봐도 무방합니다.

그렇다고 해서 「죽음과 나침반」이 추리소설의 고전적 형식까지 파괴하는 건 아닙니다. 오히려 매우 엄격히 따르고 있죠. 사건이 발생하고, 탐정이 추리를 펼쳐 숨겨진 진실을 발견한 뒤, 이를 해설합니다. 이는 '3막 구조'로 명확하게 재현됩니다. 1막에서는 사건을 둘러싼 일반적인 사실들이 제시되고, 2막에서는 이면의 진실이 드러나며, 3막에서는 탐정이 그 진실을 하나의 이야기로 엮어 해설합니다. 추리소설의 고전적 형식을 따르면서도 결국 이성이 무력해지고 마는 보르헤스의 설계는 상당히 흥미롭습니다. 추리소설의 장르적 '형식'만이 남고, 이성 숭배와 같은 '이데올로기'는 사라졌기 때문입니다.

매끈한 장르물에 작가가 의도적으로 부조리를 삽입한 가운데, 주인공 탐정이 부조리한 현실을 근대의 합리성으로 해결하려고 하면서 '마법적 사실주의'가 완성됩니다. 이제 고전적 추리소설을 지배하던 '명석한 주인공이 합리적 추론으로 불가사의한 사건을 해결한다.'라는 세계관의 질서가 흔들리기 시작합니다. 추리소설의 계보를 잇지만 고전적 추리소설의 정의만으로는 설명하기 힘들어진 현대의 이러한 장르를 '미스터리'라고 부릅니다.

이성의 힘으로 수수께끼를 푸는 이야기는 강렬한 흡입력을 발휘합니다. 혼돈 속에서 질서를 찾고자 하는 열망, 미지의 대상을 알고자 하는 호기심, 복잡한 퍼즐을 풀었을 때 느끼는 성취감 같은 감각들은 인류가 진화해 온 발자국과 일치하기 때문입니다. 미지의 것에 대한 호기심과 공포는 인류의 본능입니다. 그러므로 '인간의 이성으로 모든 수수께끼를 해결할 수 있다.'라는 전능감을 선사하는 추리물은 여전히 매력적일 수밖에 없습니다. 추리물의 비현실적 세계관은 불확실성이 가득한 세상에서 우리에게 위안을 주죠. 탐정이 '미결'이라는 결핍을 해소하며 세계의 질서를 회복해 가는 과정은 인류의 행보 그 자체이기도 합니다. 이것이 바로 추리물이 현대에도 계속해서 사랑받는 이유가 아닐까요?

호러 플롯,
이성적 질서의 패배

반대로 이번에는 이성이 무력해지고 세계관에 균열이 생겨 그 너머로 어둠과 부조리, 미지의 공포가 새어 나오는 이야기들을 생각해 봅시다. 이런 이야기들을 보통 '호러물'이라고 부르죠. 호러물은 추리물과 정반대의 세계관을 구현합니다. 추리물의 세계관이 '아무리 어려운 수수께끼라도 유능한 탐정이 모두 해결한다.'라는 메시지를 갖고 있다면, 호러물의 세계관은 '인간의 이성으로는 결코 이해할 수 없는 미지의 세계가 있다.'라는 메시지를 전달합니다.

호러물의 엔딩이 논리적으로 완벽하게 설명되지 않는 이유가 바로 여기에 있습니다. 이는 인간의 이성 너머에 무언가가 존재한다는 사실을 독자·관객에게 각인시키기 위한 작가의 의도적 전략입니다. 책장을 덮거나 영화가 끝난 뒤에도 공포가 일상에 남아있기를 바라는 거죠. 호러물은 작품의 바깥 세계에까지 영향을 미치며 사람들의 일상을 침식하고 변형시키려고 합니다.

미국의 호러 작가 H. P. 러브크래프트는 "공포야말로 인간이 가진 가장 강력하고 오래된 감정이며, 가장 강력한 공포는 미지에 대한 공포이다."라고 말했습니다. 공포란 인간이 가장 피하고 싶어 하는 미지의 영역인 '죽음'에 대해 느끼는 본능적 감각입니다. 인간이라는 생명체는 삶을 유지하고 죽음을 피하도록 설계된 존재이기에, 죽음을 상기시키는 미지의 것들에 공포를 느낍니다. 이와 동시에 미지의 대상을 정복하고자 하는 욕구는 호기심으로도 나타납니다. 호러물은 바로 이 지점에서 거대한 미지의 존재를 계속해서 상기시키는 역할을 하죠. 미지에 대한 두려움과 호기심은 건조하게 흘러가는 일상을 자극하여 살아있다는 감각을 일깨웁니다.

'인간의 이성으로는 결코 이해할 수 없는 미지의 세계가 있다.'라는 메시지는 일상의 안전감을 깨뜨립니다. 우리가 통제할 수 있다고 믿는 세상이 사실은 훨씬 더 거대하고, 불가해하며, 때로는 적대적이라는 사실을 상기시키죠. 이것은 이성의 숭배자인 인간이 거대한 우주와 자연 앞에서 얼마나 작고 무력한 존재인지를 보여주는 가장 효과적인 방법입니다.

사람들은 왜 호러물을 볼까요? 인간이 공포를 느낄 때 뇌에서 분비되는 아드레날린은 종종 엑스터시(일종의 황홀감)를 동반합니다. 완벽한 무력감은 이따금 자기 자신을 잊는 도취 상태를 불러오며 해방감을 선사하죠. 더군다나 인간에게는 두려움의 대상을 극복하려는 본능이 있습니다. 미지의 대상을 이해하여 통제하려 합니다. 이야기 속 세계에서 미지의 문제를 이성으로 해결해 버리면 추리물이 되고, 거대한 미지 속에서 속수무책으로 죽음의 공포에 노출된다면 호러물이 됩니다. 독자·관객은 죽음에 관한 호기심이 반영된 호러물을 매개로 죽음을 안전하게 체험할 수 있습니다. 이 체험은 압도적 공포감을 느낀 직후에 밀려오는 안도감과 함께, 살아있다는 환희를 선사합니다. 바로 이것이 공포를 통해 카타르시스를 느끼는 방법이죠.

추리물과 호러물은 정반대의 세계관을 지향하지만, 흥미롭게도 두 장르 모두 미지와의 대결을 다룹니다. 추리물에서 '미결'은 언젠가 해결돼야 할 대상입니다. 반면에 호러물에서 '미지'는 결코 완전히 해결될 수 없으며, 오히려 불가해성이 유지돼야 하는 대상입니다. 궁극적으로 호러물은 '인간의 삶이 완전한 통제와 이해의 영역에 있지 않다.'라는 깨달음을 줍니다. 우리는 현실에서 예측이 힘들거나 알 수 없는 것들에 둘러싸여 살고 있죠. 역설적이게도, 이 불확실성과 미지의 존재를 인정하고 받아들이는 것이 삶의 본질이기도 합니다.

호러물은 한 사회의 부조리를 드러내는 강력한 도구로 작동하기도 합니다. 호러물에서는 무대 설정만 봐도 사회문화적 맥락을 읽을 수 있죠. 서양의 호러물은 중세 시대의 성이나 성당처럼 오래된 건물을 무대로 하는 경우가 많지만, 한국과 일본, 타이완 등지에서는 학교가 괴담의 무대로 자주 등장합니다. 이는 대학 입시 경쟁이 치열한 동아시아 국가들에서 학교가 갖는 부조리한 이미지를 반영합니다. 극심한 입시 경쟁과 성적 지상주의가 지배하는 교육 현장의 비인간성이 가장 잘 드러나는 무대가 학교이죠. 영화 〈여고괴담〉 시리즈에서 학교는 억압과 비합리성, 폭력이 존재하는 공간으로 묘사됩니다. 학교를 무대로 펼쳐지는 집단 따돌림, 교사의 잔인한 체벌 등은 동아시아 사회의 강력한 집단주의가 숨기고 있는 어두운 면을 보여줍니다.

스탠리 큐브릭 감독의 영화 〈샤이닝〉(1980)이 묘사하는 미국 사회의 부조리는 어떤 모습일까요? 〈샤이닝〉의 주 무대인 오버룩 호텔은 미국 역사 속에 은폐된 폭력성과 제국주의를 상징합니다. 이 호텔이 인디언들의 묘지 위에 세워졌다는 설정은 제국주의의 횡포와 원주민 학살의 역사를 암시합니다. 억압됐던 역사적 트라우마는 귀신의 형태로 귀환하죠. 또한, 주인공 잭 토렌스의 정신적 붕괴와 가족에 대한 폭력은 가부장제의 불안정성과 남성성의 위기를 반영합니다. 외부 세계와 단절된 뒤 사회적 규범과 제약에서 벗어나 잭이 가족에게 원초적 폭력을 표출하는 과정은 현대 사회의 얄팍한 문명 아래에 잠들어 있던 야만성을 보여줍니다.

이렇듯 호러물은 무대 설정을 통해 사회의 가장 불안하고 부조리한 부분을 상징적으로 드러냅니다. 사실 모두가 느끼고 있는 일상 속 불안과 공포에 형태를 부여하죠. 완벽한 설명과 해결로 끝나는 추리물과 달리, 호러물은 설명되지 않는 부분을 의도적으로 남깁니다. 미지는 결코 완전히 정복될 수 없으며, 우리는 이 불확실성과 함께 살아가야 한다는 뜻이죠. 바로 이것이 호러물의 세계관이 전달하는 핵심 메시지입니다. 때로 미지와의 대면은 삶의 의미와 존재의 경이로움을 느끼게 합니다. 아마도 이것은 인류가 신을 두려워하며 품었던 숭배의 감정과 맥이 닿아있을 겁니다.

나가며

이야기를 분석하고 다시 정리하는 과정에서 저는 한 가지 깨달음을 얻었습니다. 수많은 이야기가 결국 비슷한 질문에 닿아있다는 사실입니다.

왜 이 세계는 이렇게 불공평할까?
왜 이런 일들이 벌어질까?
왜 이런 시련을 나만 겪을까?

위 질문들은 이야기 안에서 세계관, 인물, 플롯이라는 삼각구조로 번역됩니다. 인간은 고통의 이유에 대해 설명을 듣고 싶어 하고 삶을 납득하길 바라며, 의미 없는 우연이 아닌 당위성과 개연성으로 이뤄진 세계에서 살기를 원합니다. 그것이 허상일지라도 말이죠. 그래서 인간은 먼 옛날부터 허구의 세계를 좇으며 이야기를 만들어 왔습니다.

저는 이야기에 담긴 인간의 욕망을 구조화하고 해석하며 조립하기 위해 이야기의 출발점을 '결핍'에서 찾았습니다. 결핍은 단순히 부족함을 의미하는 것이 아니라, 인간이 세계를 이해하고자 하는 근원적 동기이며, 서사의 시작점이 된다고 이 책에서 설명했죠. 결핍을 자각한 인물이 세계와 충돌하며 갈등이 발생하고, 그 과정에서 사건이 전개되며, 의미가 만들어집니다. 반대로 결핍이 없다면 인물은 움직이지 않고 이야기가 태어나지 못합니다.

수업에서 이런 내용을 가르치는 동안 놀라운 사실들을 발견했는데요, 그중 하나는 동서고금을 막론하고 인간이 겪는 결핍은 놀라울 만큼 비슷하다는 사실이었습니다. 그리고 결핍의 힘에 주목하니, 이야기의 플롯을 몇 가지 유형으로 정리할 수도 있었습니다. 누구나 사랑받거나 인정받고 싶어 합니다. 위기에서 살아남거나 무언가를 지키고 싶어 하기도 하고요. 수많은 작법 이론에서 이야기를 추동하는 요인으로 인간의 욕망과 동기를 꼽는 이유가 바로 여기에 있습니다. 결핍을 강조하는 서사는 아무리 오랜 세월 동안 반복되어도 결코 진부하지 않고, 오히려 인간의 본질을 드러냅니다.

모든 이야기는 결국 인간을 말합니다. 장르문학, 순수문학, 애니메이션 등 어떤 분야에서든 이야기는 인간이 자기 삶의 균열을 해석하고 회복하고자 애쓰는 과정을 보여줍니다. 때로는 신화처럼 잘 배열된 도미노의 형태이기도 하고, 때로는 금이 간 창문 이야기처럼 현실의 균열을 직시하게 만들기도 합니다. 어떤 이야기는 위로가 되고, 어떤 이야기는 불편함을 남깁니다. 그러나 결국 모든 이야기는 인간의 얼굴을 하고 있습니다.

『살아남는 스토리는 무엇이 다른가』는 창작법을 소개하는 책이기도 하지만, 무엇보다도 이야기를 읽거나 쓰고 공유하며 살아가는 우리 모두를 위한 책이 되기를 바랐습니다. 개인적으로는 제가 강의실에서 수없이 반복한 말들을 스스로 점검하고 돌아보는 기회이기도 했습니다. 장르문학과 순수문학, 웹소설과 영화, 신화와 실존주의, 그리고 구조주의 사이를 넘나들며, 저는 인간이 이야기라는 장치를 통해 어떻게 현실을 이해하고 버텨왔는지를 따라가고 싶었습니다.

가르침은 언제나 배움이 있어야 가능한 일이었습니다. 이 책을 마무리하면서 저는 오히려 새로운 이야기들의 시작점

앞에 선 자신을 발견했습니다. 이야기를 쓴다는 건 끝없는 질문을 던지는 일이라는 사실을 쓰면 쓸수록 더욱 절감합니다. 그리고 지금 마지막 책장을 덮는 당신도 언젠가는 자신만의 질문으로 새로운 이야기를 시작할 수 있으리라 믿습니다.

 부디 이 책이 당신의 여정에서 첫걸음을 함께 내딛는 동료가 될 수 있다면 좋겠습니다. 당신의 이야기를 앞으로 어디선가 만날 수 있기를 진심으로 바랍니다. 읽어주셔서 고맙습니다.

추천의 말

'재미있는 이야기를 어떻게 만드나?' 책을 펼 때 떠오른 질문이다. '인간이란 무엇인가?' 책을 덮으며 품게 된 숙제다. 인간과 이야기는 떼려야 뗄 수 없는 관계다. 삶이 이야기고 이야기가 삶이다. 『살아남는 스토리는 무엇이 다른가』의 미덕은 바로 인간에 대한 깊이 있는 통찰을 제공하면서도 실용적인 이야기 작법을 빼놓지 않고 설명하고 있다는 점이다. 작법을 공부한 사람이면 들어보았을 열두 단계 이론이니 스무 가지 플롯이니 하는 기법들은 막상 바로 써먹기에 버겁다. 이 책은 그 복잡한 기법들을 핵심만 추려 여섯 단계와 여섯 가지 플롯으로 명료하게 제시한다.

지은이와 직접 대화를 나누는 것처럼 즐거운 독서였다. 인간과 이야기에 관심 있는 분이라면 꼭 읽어야 할 필독서다.

김태권_『김태권의 십자군 이야기』 작가

전혜정 교수는 깊이 있는 인문학적 훈련을 받은 '오타쿠'다. 창작의 전방위에서 다양한 활동을 해오면서 서로 다른 예술 형식 안에 담긴 서사성에 깊은 관심을 가져왔다. 『살아남는 스토리는 무엇이 다른가』에서 전혜정 교수는 디테일한 스토리 창작의 원칙과 작법 테크닉에서 한발 나아가, 이야기와 인간을 둘러싼 앞과 뒤를 조망하면서 이야기적 존재인 인류가 왜 이야기를 사랑할 수밖에 없는가에 관한 큰 그림을 그려냈다. 그리고 그 과정에서 자연스럽게 '우리 안의 결핍'이라는 핵심 키워드를 건져 올려, 흔한 작법 공식을 넘어서는 깊은 통찰을 알기 쉽게 담아냈다. 이 책은 그야말로 단단한 현장 경험과 깊은 인문학적 통찰이 담긴 창작의 지도이다. 어려운 얘기는 쉽게, 쉬운 얘기는 깊게, 깊은 얘기는 유쾌하게 담은 이 책이 이야기 창작의 세계를 여행하는 독자 모두에게 의미 있는 지도가 되어줄 것이다.

이종범_『닥터 프로스트』 작가, 유튜브 채널 〈이종범의 스토리캠프〉 진행자

과학 기술의 발전은 인간에게 각종 편의를 제공하는 동시에 인간

을 점점 '심심'하게 만들고 있다. 인간이 이 심심함을 타파하기 위해 찾아 헤매고 있는 다양한 놀거리 가운데 단연 돋보이며 가장 유구한 역사를 지닌 것이 바로 '이야기'다. 그리고 여기, 재밌는 이야기를 창작하는 법에 관해 중요한 함의를 다룬 책이 있다. 전혜정 교수의 『살아남는 스토리는 무엇이 다른가』는 작법에 있어 결정적 요소인 '결핍'에 관해 다룬다. 소위 요즘 스토리에서 '먹히는' 주인공은 대부분 완벽한 인물이라고 하지만, 그럼에도 결국 모든 이야기의 주인공은 어떤 식으로든 결핍을 지닌다. 결핍이 있어야 욕망을 품게 되며 욕망하는 존재만이 독자들에게 매력을 어필할 수 있기 때문이다. 이 책은 그 대원칙에 대한 설명은 물론 스토리를 설득력 있게 풀어내는 법, 즉 개연성과 핍진성을 지키는 법도 알려준다. 창작자들에게 도움이 될 만한 책으로 강력 추천한다.

이낙준(한산이가)_『중증외상센터: 골든아워』 작가, 유튜브 채널 〈닥터프렌즈〉 진행자

살아남는 스토리는 무엇이 다른가

초판 1쇄 발행 2025년 5월 7일
초판 2쇄 발행 2025년 6월 23일

지은이 전혜정
발행인 윤승현 **단행본사업본부장** 신동해
편집장 김예원 **책임편집** 정다이
디자인 데일리루틴 **교정** 이보람
마케팅 최혜진 강효경 **홍보** 반여진
제작 정석훈

브랜드 웅진지식하우스
주소 경기도 파주시 회동길 20
문의전화 031-956-7362(편집) 031-9560-7088(마케팅)
홈페이지 www.wjbooks.co.kr
인스타그램 www.instagram.com/woongjin_readers
페이스북 www.facebook.com/woongjinreaders
블로그 blog.naver.com/wj_booking

발행처 ㈜웅진씽크빅
출판신고 1980년 3월 29일 제 406-2007-000046호

ⓒ전혜정, 2025
ISBN 978-89-01-29480-3 03600

- 웅진지식하우스는 ㈜웅진씽크빅 단행본사업본부의 브랜드입니다.
- 이 책은 저작권법에 의해 한국 내에서 보호를 받는 저작물이므로 무단 전재와 무단 복제를 금합니다.
- 책 내용의 전부 또는 일부를 이용하려면 반드시 저작권자와 ㈜웅진씽크빅의 서면 동의를 받아야 합니다.
- 잘못된 책은 구입하신 곳에서 바꾸어드립니다.